权威·前沿·原创

皮书系列为
"十二五""十三五""十四五"时期国家重点出版物出版专项规划项目

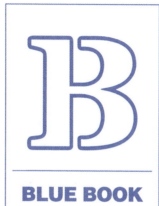

BLUE BOOK

智库成果出版与传播平台

就业蓝皮书
BLUE BOOK OF EMPLOYMENT

2022 年中国本科生就业报告

CHINESE 4-YEAR COLLEGE GRADUATES' EMPLOYMENT ANNUAL REPORT (2022)

麦可思研究院 / 主 编

社会科学文献出版社
SOCIAL SCIENCES ACADEMIC PRESS (CHINA)

图书在版编目(CIP)数据

2022年中国本科生就业报告 / 麦可思研究院主编
. -- 北京：社会科学文献出版社, 2022.6
（就业蓝皮书）
ISBN 978-7-5228-0115-5

Ⅰ.①2… Ⅱ.①麦… Ⅲ.①本科生 – 就业 – 研究报
告 – 中国 – 2022 Ⅳ.①G647.38

中国版本图书馆CIP数据核字（2022）第077272号

就业蓝皮书
2022年中国本科生就业报告

主　　编 / 麦可思研究院
执行主编 / 王伯庆　王梦萍

出 版 人 / 王利民
责任编辑 / 桂　芳
责任印制 / 王京美

出　　版 / 社会科学文献出版社·皮书出版分社（010）59367127
　　　　　　地址：北京市北三环中路甲29号院华龙大厦　邮编：100029
　　　　　　网址：www.ssap.com.cn
发　　行 / 社会科学文献出版社（010）59367028
印　　装 / 三河市东方印刷有限公司

规　　格 / 开　本：787mm×1092mm　1/16
　　　　　　印　张：14.5　字　数：208千字
版　　次 / 2022年6月第1版　2022年6月第1次印刷
书　　号 / ISBN 978-7-5228-0115-5
定　　价 / 128.00元

读者服务电话：4008918866

就业蓝皮书编委会

摘　要

《2022 年中国本科生就业报告》包含 1 篇总报告、9 篇分报告、2 篇专题报告，对本科生毕业去向、就业结构、就业质量、职业发展、升学情况、灵活就业、能力达成、对学校的满意度等状况进行深入分析。分析基于应届毕业生和毕业中期跟踪评价。

本报告分析了 2021 届本科生的毕业去向与就业结构。分析显示，就业总量压力持续高位运行、局部地区疫情反弹等因素给应届本科毕业生去向落实增加了难度，硕士研究生扩招以及考研、考公群体的扩大在一定程度上缓解了当前部分就业压力，但滞后就业压力需要关注。2021 年，公办中小学校在经历上一年政策性扩招后对应届毕业生的吸纳数量已开始下降；教育培训机构在"双减"政策下吸纳毕业生的数量也明显下降；互联网领域加大了业务优化调整力度，初始技术岗位占比降低；服务行业依然需要关注疫情的阶段性影响；制造业保持稳步发展，同时依托互联网平台的新就业形态也为毕业生提供了更多选择。另外，分析还显示，研究生扩招使得考研竞争更加激烈，二次考研的群体进一步扩大；地方本科院校首次考研失利的情况更为普遍，对农村生源等就业困难群体的帮扶力度需要进一步加大。

本报告同时分析了本科毕业生的就业质量与职业发展情况。分析显示，应届本科毕业生的薪资已超过疫情前的水平，其中，与数字经济、工业互联网、新能源等领域相关的工科专业薪资优势明显；与建筑、电力/能源、设备制造等支柱产业相关的专业薪资保持稳定增长；毕业五年后的薪资是毕业时的 2.4 倍；疫情以来本科毕业生就业满意度上升明显，各方提供的就业帮扶效果显著；

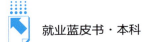
随着职位层级的提升以及个人职业发展规划的调整，毕业生五年后工作更加多元化；另外，毕业生的职场忠诚度趋于稳定，毕业半年内的离职率持续走低。

此外，本报告还分析了本科毕业生的能力达成情况以及对学校的满意度评价。分析显示，本科毕业生理解沟通能力达成效果较好，产业转型升级中需要具备的创新能力、技术能力、领导力仍需强化；毕业生对母校教学、学生工作及生活服务等方面的满意度稳步提升，在校体验不断优化。同时，分析还显示，疫情以来高校线上、线下混合式教学面临新的挑战，学生的学习投入与收获相比疫情前均有不足；实践类课程需强化线上、线下教学的衔接，理论课需进一步突出内容的前沿性并关注学生自主学习的效果；另外，教师需要进一步强化互动环节，并注重自身信息化教学能力的提升。

关键词： 本科生　就业　职业发展　就业满意度

Abstract

The 2022 China Undergraduate Employment Report consists of one general report, nine sub-reports, and two special reports. It provides an in-depth analysis of the status of undergraduates' graduation destination, employment structure, employment quality, career development, further education, flexible employment, ability attainment, and satisfaction with school. The analysis is based on recent graduates and mid-term follow-up evaluation of graduation.

This report analyzes the graduation destinations and employment structures for 2021 undergraduates. The analysis shows that the total employment pressure continues to run at a high level and the rebound of the epidemic in local areas add difficulties to the implementation of the destination of fresh undergraduates. The expansion of master's degrees and the expansion of graduate examinations and civil service examination groups have to a certain extent, alleviated some of the current employment pressure, but the lagging employment pressure needs attention. In 2021, the number of fresh graduates enrolled in public primary and secondary schools had started to decline after the policy expansion in the previous year. The number of graduates absorbed by education and training institutions has also dropped significantly under the "double reduction" policy. In the Internet sector, business optimization and restructuring have been increased, and the share of initial technical positions has been reduced. The service industry still needs to pay attention to the phased impact of the epidemic. The manufacturing industry maintained steady development, while new employment forms relying on the Internet platform also provided more choices for graduates. In addition, the analysis also shows that the expansion of graduate school has made the graduate school examination more competitive, and the group of the second graduate entrance examination has further expanded. It is more common for local undergraduate institutions to lose the first graduate examinations. The support for groups with employment difficulties, such as rural students, needs to be further strengthened.

In this report, the employment quality and career development of undergraduate graduates are analyzed at the same time. The analysis shows that the salary of fresh undergraduates has exceeded the level before the epidemic, among which the salary advantage of engineering majors related to the digital economy, industrial internet, new energy, and other fields is obvious. Salaries in professions related to pillar industries such as construction, power/energy, and equipment manufacturing have maintained steady growth. Salaries for five years of work are 2.4 times higher than those at the time of graduation. The employment satisfaction of undergraduate graduates has increased significantly since the epidemic, and the employment assistance provided by various parties has been effective. With the promotion of position level and the adjustment of the personal career development plan, graduates have more diversified jobs after five years. In addition, the workplace loyalty of graduates tends to be stable, and the separation rate within six months of graduation continues to be low.

In addition, this report analyzes the competency attainment of undergraduate graduates and their satisfaction evaluation of the university. The analysis shows that undergraduates have better understanding and communication skills and that innovation, technology, and leadership, which are urgently needed in industrial transformation and upgrading, still need to be strengthened. Graduates' satisfaction with their alma mater's teaching, student work, and living services has steadily increased, and their school experience has been optimized. At the same time, the analysis also shows that hybrid online and offline teaching in universities has faced new challenges since the epidemic, and students' learning engagement and gains are insufficient compared with those before the epidemic. Practical courses need to strengthen the connection between online and offline teaching, and theory courses need to highlight the cutting-edge content further and pay attention to the effect of students' independent learning. In addition, teachers need to strengthen the interactive aspect further and pay attention to the improvement of their own information technology teaching ability.

Keywords: Undergraduates; Employment; Career Development; Satisfaction Evaluation

目 录 ↰↳

Ⅰ 总报告

Ⅱ 分报告

Ⅲ　专题报告

Ⅳ　附　录

皮书数据库阅读**使用指南**

CONTENTS ↰↳

I General Report

II Sub Reports

Ⅲ   Special Reports

Ⅳ   Appendix

总　报　告
General Report

B.1
本科毕业生就业发展趋势与成效

摘　要： 就业总量压力持续高位运行、局部地区疫情反弹等因素给应届本科毕业生去向落实增加了难度。读研、准备考研和考公群体的扩大在一定程度上缓解了当前部分就业压力，但由此带来的滞后就业压力需要关注。"双减"政策下教育培训机构吸纳毕业生的数量明显下降，毕业生面临重新选择；互联网领域加大了业务优化调整力度，初始技术岗位占比持续下降；服务行业仍需关注疫情的阶段性影响。与此同时，制造业保持稳步发展，为毕业生就业提供了保障；依托互联网平台的新就业形态为毕业生灵活就业提供了更多选择。产业的发展以及疫情以来线上、线下混合式教学的普及给高校教学带来了挑战，后续教育教学工作需要持续改进。

关键词： 就业　职业发展　满意度　本科生

麦可思自 2007 年开始进行大学毕业生跟踪评价，并从 2009 年开始根据评价结果每年出版"就业蓝皮书"，迄今已连续 14 年出版"就业蓝皮书"。本报告基于应届毕业、毕业三年后、毕业五年后的跟踪评价数据，分析本科毕业生的就业发展趋势与成效，回应政府、媒体、本科院校师生以及社会大众关注的问题，并为本科人才培养的持续改进提供参考建议。

一 疫情以来应届本科毕业生延迟就业的现象越发明显，滞后就业压力需要关注

当前就业总量压力持续高位运行、局部地区疫情反弹等因素给高校毕业生去向落实增加了难度，应届本科毕业生延迟就业现象明显增多。其中，硕士研究生扩招进一步增加了本科毕业生的升学机会，升学渠道对毕业生的分流作用继续扩大。数据显示，2021 届本科毕业生国内外读研比例（19.2%）接近 20%，在 2020 届（18.0%）的基础上进一步提升，五年内上升了 2.8 个百分点；与此同时，公务员考试进一步升温，应届本科毕业生脱产准备公务员考试的比例五年内翻了一番（2017 届为 0.7%，2021 届为 1.4%）；直接就业的群体持续减少，应届毕业生受雇工作的比例五年内下降了近 10 个百分点（2017 届为 74.4%，2021 届为 65.3%）。[①]

读研、考公人数的增加虽然缓解了当前部分就业压力，但会给未来 1~3 年内的就业带来一定挑战，对滞后的就业压力需要给予更多关注。

（一）读研人数增加的同时，研究生的就业压力需要关注

伴随着研究生扩招，近年来毕业研究生人数逐年增加。国家统计局发布的《中华人民共和国 2021 年国民经济和社会发展统计公报》显示，2021 年毕业研究生达到 77.3 万人，比 2020 年（72.9 万人）多了 4.4 万人，比 2019 年（64.0 万人）多了 10 多万人，毕业研究生数量的增加进一步加剧了就业市场

---

① 解读中提到的往届数据，均出自相应年份的"就业蓝皮书"。

的求职竞争。

除了境内读研者外，留学归国人员的数量也不断增加，通过持续跟踪2014~2016届本科毕业后留学的群体发现，毕业五年后归国的比例呈现上升趋势，从2014届的69%上升至2016届的72%。可以预见，在未来一段时间内将有更多研究生（包括境内外读研者）涌入就业市场，对其就业压力需给予持续重点关注。

（二）再次考研群体持续扩大，考研失利的情况更加普遍

在研究生扩招的同时，考研人数增长更快，竞争越来越激烈。中国教育在线发布的《2021年全国研究生招生调查报告》显示，近年来硕士研究生报考人数屡创新高，2021年达到377万人，五年内报名人数翻了近一番。激烈的竞争也使得应届本科毕业生首次考研失利的情况增加，二次考研群体不断扩大，2021届本科毕业生中，二次考研的比例达到4.9%，相比前两届同期（2019届为3.4%，2020届为4.3%）进一步上升。其中，地方本科院校毕业生首次考研失利的情况更为普遍，2021届二次考研比例达到5.0%。

与此同时，多次考研的成功率也在持续下降，通过对2016~2018届毕业后脱产考研群体的持续跟踪调研发现，毕业三年内成功考上研究生的比例从2016届的48.2%下降至2018届的43.1%。对此，相关院校可进一步加强考研指导工作，帮助学生合理规划与备考，减少盲目考研人群，努力提高学生首次考研的成功率。

（三）地方本科院校低收入家庭和农村家庭毕业生的毕业落实需重点关注和支持

在当前就业形势下，地方本科院校毕业生面临的毕业落实压力更需关注。值得注意的是，地方本科院校农村生源占比相对较高（2021届占44%），农村家庭毕业生更倾向于直接就业，2021届正在求职的比例为3.4%，高于非农村生源（2.9%），其求职可能存在一定困难，需给予更多关注和支持。

综合来看，应届本科毕业生读研、准备考研和考公比例持续上升，延迟

就业的现象越发明显。在未来毕业生规模仍将继续扩大的情况下，延迟就业人数的增加会进一步加剧未来 1~3 年甚至更长时间范围内的就业压力。对此，相关院校需进一步完善相应的职业规划与就业指导服务，并对就业困难群体给予更多关注和帮扶。

二 主要行业自疫情以来调整优化力度加大，毕业生就业面临新变化

疫情对部分行业造成较大冲击，给毕业生就业带来了挑战。自疫情以来，主要行业进一步加大了业务方向、岗位结构等方面的调整力度，持续推进自身的优化升级，毕业生在相关领域的就业面临新变化。

（一）"双减"政策下毕业生在教育培训机构就业比例下降

教育业是应届本科毕业生就业量最大的行业类（2021 届为 14.0%），其中就业于教育培训机构的比例在过去几年内一直呈上升趋势。自 2021 年 7 月"双减"政策出台以来，教育培训机构面临重大业务结构调整，2021 届本科毕业生在教育培训机构就业的比例（6.0%）相比 2020 届（7.9%）明显下降。

与此同时，已在教育培训机构就业的毕业生面临重新选择，2018 届毕业后就业于教育培训机构的本科毕业生中，在毕业三年后有半数以上（54.2%）流出，这一比例高于 2017 届同期（47.4%）；流向体制内单位（公办中小学校、政府及公共管理机构）的数量增加（2017 届、2018 届分别为 20.7%、26.5%）；另外信息技术、制造、金融、零售、设计 / 咨询等领域也为其提供了相应机会。面对"双减"政策的影响，相关院校和专业（特别是学科教育类、语言类专业）可针对自身培养口径较宽的特点，进一步拓宽毕业生去向落实的适应面。

（二）互联网领域业务优化调整，初始技术岗位占比下降

2021 届本科毕业生在信息传输、软件和信息技术服务业就业的比例为

9.2%，仅次于教育业，排在第 2 位，其中以互联网相关领域（包含软件开发业、数据处理、互联网运营、网络搜索引擎等）为主（2021 届为 8.3%）。自疫情以来互联网企业（限定于民营企业，下同）进一步优化调整自身业务，毕业生在中小型互联网企业就业的比例（2020 届为 3.4%，2021 届为 2.9%）下降较为明显。

伴随着业务调整，互联网企业的岗位结构不断优化，初始技术岗位的占比逐年下降，例如，选择计算机程序员岗位的比例从 2019 届的 15.1% 下降至2021 届的 12.3%。岗位的调整优化对求职者提出了更高要求，相关专业（特别是计算机类专业）需合理调控规模并不断完善培养过程，从而更好地适应互联网领域业务发展的需要。

（三）服务行业需关注疫情的阶段性影响

2020 年的疫情对设计 / 咨询、文体娱乐、居民服务、住宿 / 餐饮等服务行业造成了不同程度影响，本科毕业生在上述领域就业的比例合计相比上一年下降近 10%。在疫情防控常态化阶段，毕业生在文化、体育和娱乐业就业的比例（2021 届为 4.6%）已有所回稳，相比 2020 届（4.2%）上升 9.5%。当然，局部地区的疫情反弹依然会对上述行业造成阶段性影响，相关院校和专业（特别是经管类专业）可持续关注毕业生的去向落实情况并给予相关帮扶。

另外，金融业近年来不断调整优化自身业务，本科毕业生在金融业就业的比例呈现逐年下降的趋势（2019~2021 届分别为 7.8%、7.5%、7.2%），这也对相关专业（以金融学类为主）毕业生去向落实带来了挑战。金融学类专业毕业生较多，不同院校间培养质量存在较大差异，相关院校需合理调整这类专业的规模并持续改进人才培养环节，从而更好地促进毕业生的就业落实与发展。

（四）制造业的稳步发展为毕业生就业提供保障

疫情以来制造业保持稳步发展，是保障毕业生就业的"稳定器"，

2019~2021届本科毕业生在制造业就业的比例分别为17.8%、17.9%、19.8%。其中，民营制造企业是吸纳毕业生的主体，2021届就业比例达到13.6%；东部地区民营经济较为发达，制造企业较多，为毕业生提供的机会更多，2021届在东部地区就业的本科毕业生中，服务于民营制造企业的比例为19.8%，明显高于在非东部地区就业的毕业生（8.6%）。伴随着制造业优化升级的不断深入，工科专业核心课程设置与人才培养均需要进一步完善以适应产业发展的趋势。

三　灵活就业为毕业生就业提供新选择，后续发展情况仍需关注

在疫情防控常态化背景下，灵活就业对毕业生起到了分流作用，也在一定程度上缓解了当前的就业压力。2021届本科毕业生中，有4.2%的人选择灵活就业，其中包括1.3%选择受雇半职工作，1.7%选择自由职业，1.2%选择自主创业。

（一）依托互联网平台的新就业形态为毕业生提供更多选择

2021届选择灵活就业的本科毕业生中，有三成属于依托互联网平台的新就业形态，主要包括网络创作、主播、全媒体运营等。数字经济的发展使得依托互联网平台的新型就业模式、就业形态不断涌现，为毕业生就业与发展提供更多选择。

（二）灵活就业群体的就业质量仍有进一步提升的空间

灵活就业群体的就业质量仍需关注。2021届选择灵活就业的本科毕业生中，自由职业、受雇半职工作群体的月收入（分别为4471元、4067元）相对较低，从业幸福感（就业满意度分别为71%、64%）相对较低。另外，自主创业群体的生存挑战持续增加，2018届毕业后选择创业的本科毕业生中，三年内超过半数退出创业，仍在坚守的比例（41.5%）相比2017届同期

（43.4%）进一步下降。随着国家和地方对灵活就业保障支持机制的不断加强和完善，灵活就业群体的就业质量仍有进一步提升的空间，灵活就业模式也将更大限度地为"稳就业""保就业"提供支撑。

四 疫情防控常态化时期教育教学工作需要持续改进

疫情对高校教学工作开展影响较大，在突发疫情的2019~2020学年第2学期，本科院校学生、教学督导对课程教学的总体评分（分别为87.78分、88.18分）相比上一学期（分别为89.95分、90.11分）均明显下降。自2020~2021学年起，课程教学效果迅速恢复，但尚未超过疫情前水平。当然需要注意的是，疫情期间采用的线上教学方式在疫情防控常态化阶段得到延续，线上、线下混合式教学普及，这给高校日常教学工作带来了挑战，不同类型课程需要有针对性地改进。

（一）实践类课程需进一步强化线上、线下教学的衔接

实践类课程对教学场地与设施依赖程度相对较高，疫情期间受技术条件限制，很多操作在线上教学中无法实施，后续线下教学若不补充相应的操作环节，学生的学习效果将受到极大影响。数据显示，在疫情防控常态化阶段，本科生对实践类课程的学习收获（包括专业知识的掌握与实践技能的提升）（90.49%~91.01%）整体低于疫情前的水平（91.73%）。对此，相关院校需注重实践类课程线上、线下教学的有效衔接，避免因衔接不畅而造成教学内容缺漏的情况。

（二）理论课需关注学生自主学习投入效果，并及时调整和更新课程内容

理论课学习内容相对抽象，学习过程较为枯燥，线上教学的普及让一部分学习能力、自觉性或自制力不足的学生受到了较大影响。数据显示，在疫情防控常态化阶段，本科生对理论课的学习兴趣与投入（近3个学期分别为88.35%、87.10%、86.73%）略呈下降趋势，且学习收获（89.74%~90.19%）

也低于疫情前的水平（90.34%）。对学生对这类课程的学习效果需持续重点关注。

与此同时，疫情进一步加速了相关产业的转型升级与发展，理论课的内容也需及时优化调整。疫情防控常态化阶段本科生对课程内容前沿性的评价（88.67%~89.27%）整体低于其他方面，同时也低于疫情前水平（91.09%）；各学科门类中，工科专业学生对课程内容前沿性的评价（87.56%）最低。相关院校和专业需关注课程内容的调整与更新，进一步突出产业发展的前沿领域，从而更好地适应产业转型升级与发展的新要求。

（三）教师需进一步强化教学互动，并提升信息化教学能力

在学生学习兴趣与投入相对不足的情况下，良好的教学互动能强化学生的课堂参与感，对于激发学生学习兴趣、促进学生对授课内容的理解与掌握均具有积极作用。然而教学督导评价数据显示，任课教师开展教学互动环节（包括师生互动、生生互动）的效果（2021~2022 学年第 1 学期为 86.32%）仍不足，后续可进一步强化。

此外，线上、线下混合式教学手段的普及对任课教师信息技术应用能力提出了更高的要求，而教学督导对教师信息化教学方面的评价（2021~2022 学年第 1 学期为 87.48%）仍相对较低。相关院校可对教师信息化教学能力提升方面的需求给予更多关注和支持，并有针对性地改善校园信息化条件，从而更好地满足混合式教学的需要。

分 报 告
Sub Reports

B.2
本科生毕业去向分析

摘　要: 在经济增速放缓、高校毕业生规模持续增大以及疫情防控常态化的多重影响下，应届本科毕业生去向落实难度不断攀升。虽然硕士研究生扩招缓解了部分就业压力，但同时也加大了研究生群体的滞后就业压力。从应届本科毕业生的去向分布来看，2021届国内读研、准备考研和考公比例持续上升，毕业生"延迟就业"的心态愈发明显，考研、考公竞争加剧，就业压力持续增大。从不同区域来看，泛珠三角、泛长三角地区本科院校毕业生毕业去向落实率相对较高，毕业生的就业机会和选择相对较多。从不同类型专业来看，与数字经济、电力/能源、物流、医药制造等领域相关的专业毕业去向落实率较高。

关键词: 应届本科毕业生　毕业去向　就业

一　毕业去向分布

毕业半年后：2021届毕业生毕业第二年（即2022年）的1月左右。麦可思在此时展开跟踪评价。此时毕业生的就业状况趋于稳定，有工作经历的毕业生也能够评估工作对自己知识、能力的要求水平。

毕业五年后：麦可思于2021年对2016届大学毕业生进行了五年后跟踪评价（曾于2017年初对这批大学毕业生进行过半年后跟踪评价），本报告涉及的五年内的变化分析即使用两次对同一批大学生的跟踪评价数据。

毕业去向分布：麦可思将中国本科毕业生的毕业状况分为七类，即受雇工作、自由职业、自主创业、入伍、国内外读研、准备考研、待就业。其中，受雇工作包含受雇全职工作、受雇半职工作，受雇全职工作指平均每周工作32小时或以上，受雇半职工作指平均每周工作20~31小时。国内外读研包含正在我国内地读研、正在我国港澳台地区及国外读研、正在读第二学士学位。准备考研包含"无工作，准备国内读研""无工作，准备到港澳台地区及国外读研"。待就业包含"无工作，继续寻找工作""无工作，其他"。

院校类型：本报告分析中，本科院校类型划分为"双一流"院校和地方本科院校。其中"双一流"院校为第二轮"双一流"建设高校147所，地方本科院校为除"双一流"建设高校以外的其他本科院校。

全国GDP增速放缓，高校毕业生规模持续增大，2021届全国高校毕业生规模909万人，同比增加35万人，毕业生就业总量压力持续高位运行。受新冠肺炎疫情等多重因素影响，毕业生去向落实难度加大，但由于研究生持续扩招，应届本科毕业生读研人数增加，待就业本科毕业生除了找工作外，也有较大比例正在准备公务员、事业单位公开招录考试，这些在一定程度上缓解了当前就业总量的压力，对就业起到了一定的缓冲作用。

从应届本科毕业生的毕业去向来看，国内外读研、准备考研、待就业的比例均持续上升，2021届（分别为19.2%、6.5%、5.7%）相比2017届（分别为16.4%、2.7%、4.3%）分别上升了2.8个、3.8个、1.4个百分点；受雇工作的比例（2017届为74.4%，2021届为65.3%）相应下降（见表2-1）。考虑到毕业研究生规模越来越大，建议重视对研究生就业的跟踪调查，以了解滞后就业压力。

表2-1 2017~2021届本科院校毕业生毕业半年后的去向分布变化						
					单位：%，个百分点	
本科院校毕业生毕业去向分布	2021届	2020届	2019届	2018届	2017届	五年变化
受雇工作	65.3	67.7	71.9	73.6	74.4	−9.1
自由职业	1.7	1.7	—	—	—	—
自主创业	1.2	1.3	1.6	1.8	1.9	−0.7
入伍	0.4	0.3	0.2	0.3	0.3	0.1
国内外读研	19.2	18.0	17.4	16.8	16.4	2.8
准备考研	6.5	5.8	4.5	3.3	2.7	3.8
待就业	5.7	5.2	4.4	4.2	4.3	1.4

注1："自由职业"为2020届新增选项，下同。
注2：五年变化是指2021届的比例减去2017届的比例，下同。
资料来源：麦可思－中国2017~2021届大学毕业生培养质量跟踪评价。

从不同院校类型来看，"双一流"院校毕业生的国内外读研比例增加更多，这也与"双一流"院校的研究型定位相吻合。2021届"双一流"院校毕业生国内外读研比例接近四成（39.3%），近五年上升了5.9个百分点（见表2-2）。研究生教育肩负着高层次人才培养和创新创造的重要使命，是国家发展、社会进步的重要基石。作为开展研究生教育的主体，"双一流"院校可进一步完善本、研衔接工作，持续优化本科人才培养模式，为毕业生后续的读研深造打下更坚实的基础。

地方本科院校毕业生的考研、考公意愿持续攀升。从近五年毕业去向来看，毕业生升学比例从2017届的12.9%上升到2021届的15.2%，上升了2.3个百分点，特别是准备考研的比例增长更为明显（五年内上升4.0个百分点）（见表2-3）；待就业毕业生中，除正在找工作外，半数都在准备公务员、事业单位招录考试，相比2017届翻了一倍。毕业生"延迟就业"的心态愈发明显，高校管理者需进一步关注在校学生的读研、择业意愿，以帮助毕业生做好合理的求学、求职规划，从而更好地促进应届毕业生的去向落实。

表2-2 2017~2021届"双一流"院校毕业生毕业半年后的去向分布变化

单位：%，个百分点

"双一流"院校毕业生毕业去向分布	2021届	2020届	2019届	2018届	2017届	五年变化
受雇工作	50.8	53.9	57.3	58.9	59.6	-8.8
自由职业	0.9	0.9	—	—	—	—
自主创业	0.6	0.8	0.9	1.0	1.1	-0.5
入伍	0.3	0.4	0.4	0.6	0.7	-0.4
国内外读研	39.3	35.6	34.8	34.0	33.4	5.9
准备考研	5.4	5.7	4.4	2.9	2.6	2.8
待就业	2.7	2.7	2.2	2.6	2.6	0.1

资料来源：麦可思－中国2017~2021届大学毕业生培养质量跟踪评价。

表2-3 2017~2021届地方本科院校毕业生毕业半年后的去向分布变化

单位：%，个百分点

地方本科院校毕业生毕业去向分布	2021届	2020届	2019届	2018届	2017届	五年变化
受雇工作	68.2	70.4	74.8	76.7	77.4	-9.2
自由职业	1.9	1.9	—	—	—	—
自主创业	1.3	1.4	1.7	1.9	2.1	-0.8
入伍	0.4	0.3	0.2	0.2	0.2	0.2
国内外读研	15.2	14.5	13.9	13.3	12.9	2.3
准备考研	6.7	5.8	4.6	3.4	2.7	4.0
待就业	6.3	5.7	4.8	4.5	4.7	1.6

资料来源：麦可思－中国2017~2021届大学毕业生培养质量跟踪评价。

随着离校时间的推移，毕业生的去向落实将越来越充分。到毕业五年后，本科毕业生已普遍受雇工作，同时"双一流"院校毕业生仍在深造的比例相对较高，地方本科院校毕业生自主创业的比例相对较高。具体来看，2016届本科毕业生在毕业五年后受雇工作的比例已接近九成（89.1%）；"双一流"院校有7.5%的毕业生正在读研，较2015届毕业五年后（6.9%）有所上升；地方本科院校有4.2%的毕业生选择自主创业（见图2-1），较2015届毕业五年后（4.6%）略有下降，但相比自身半年后（2.3%）接近翻了一番。

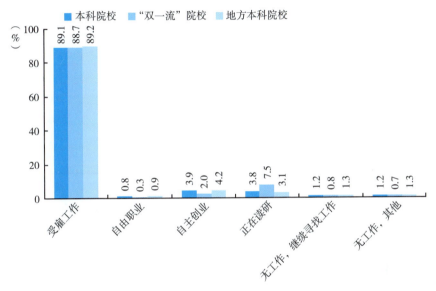

图2-1　2016届本科生毕业五年后的去向分布

资料来源：麦可思－中国2016届大学毕业生五年后职业发展跟踪评价。

二　疫情影响

新冠肺炎疫情的持续反复，加之经济发展的压力，对毕业生去向落实的影响持续增加。相较2020年，疫情对国内升学的影响上升，对求职就业的影响程度仍然最大但有所下降。2021届本科毕业生中，有四成以上（43%）表示疫情对自己的求职就业产生了影响，较2020届（54%）下降了11个百分点；有17%表示疫情对自己在国内升学产生了影响，较2020届（11%）上升了6

个百分点（见图 2-2）。这也是因为受疫情的影响，就业市场竞争加剧，越来越多大学生选择继续深造，暂时规避就业困难。

求职就业受到疫情影响的 2021 届毕业生中，七成以上表示招聘岗位减少（72%）、求职进程受阻（71%）（见图 2-3）。

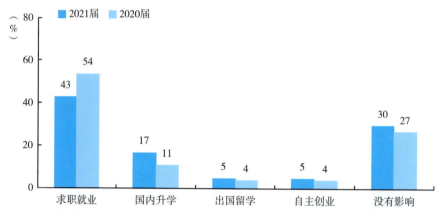

图 2-2　疫情对 2020 届、2021 届本科毕业生去向落实的影响

资料来源：麦可思-中国 2020 届、2021 届大学毕业生培养质量跟踪评价。

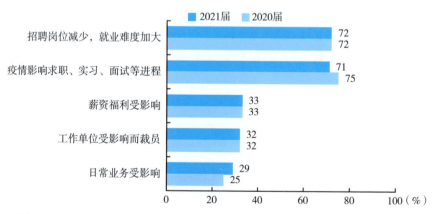

图 2-3　2020 届、2021 届本科毕业生求职就业受到疫情影响的方面（多选）

资料来源：麦可思-中国 2020 届、2021 届大学毕业生培养质量跟踪评价。

三 毕业去向落实率分析

毕业去向落实率：本科生的毕业去向落实率＝已就业本科毕业生数／本科毕业生总数。其中已就业人群包括"受雇工作""自由职业""自主创业""入伍""国内外读研"五类。

疫情影响下，经济发展面临压力，同时高校毕业生规模持续增大，这些都加大了就业难度，大学生就业求稳，考研、考公持续升温，"延迟就业"现象增多。数据显示，2021届本科生毕业半年后毕业去向落实率为87.8%，其中"双一流"院校本科生毕业半年后毕业去向落实率为91.9%，高于地方本科院校（87.0%）（见图2-4）。

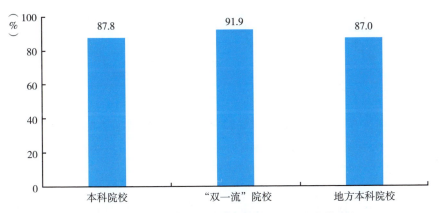

图2-4 2021届本科生毕业半年后的毕业去向落实率

资料来源：麦可思－中国2021届大学毕业生培养质量跟踪评价。

经济区域：本研究依据国家不同阶段的五年规划，同时结合各地区高校的特点，把中国内地31个省、自治区和直辖市分为八个区域，以了解相对详细的地区高校就业特点。具体如下：a.东北区域；b.泛渤海湾区域；c.陕甘宁青区域；d.中部区域；e.泛长江三角洲区域；f.泛珠江三角洲区域；g.西南区域；h.西部生态区域。

从不同区域来看，2021届泛珠三角本科生毕业半年后的毕业去向落实率（91.9%）最高，其次是泛长三角（90.9%）。泛珠三角、泛长三角整体经济发展水平较高，以广东省和江苏省为代表，2021年GDP分别位居全国第一、第二，毕业生的就业机会和选择相对较多。

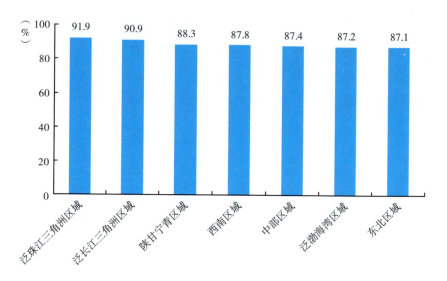

图 2-5　2021届各经济区域本科生毕业半年后的毕业去向落实率

注：西部生态区域因为样本较少，没有包括在内。

资料来源：麦可思－中国2021届大学毕业生培养质量跟踪评价。

学科门类：按照教育部的专业目录，本次跟踪评价覆盖了本科院校所开设的学科门类12个。

专业类：按照教育部的专业目录，本次跟踪评价覆盖了本科院校所开设的专业类89个。

专业：按照教育部的专业目录，本次跟踪评价覆盖了本科院校所开设的专业407个。

从不同学科门类来看，2021届工学、教育学本科生的毕业去向落实率（分别为90.6%、89.9%）位列前两位；法学、艺术学、历史学本科生的毕业去向落实率（分别为 81.8%、85.1%、85.3%）相对较低（见表 2-4）。疫情以来，法学、经济学、医学学科毕业去向落实率下滑明显，具体从毕业生的去向来看，未就业毕业生中，法学、经济学半数以上在准备考研，其次为准备公务员、事业单位招录考试，医学六成以上在准备考研。这也与考研、考公扩招，报考人数激增，竞争加剧有关，更多的毕业生加入"二战"考研、考公，"延迟就业"现象增多。

进一步从各专业类来看，2021 届毕业去向落实率排前三位的专业类为管理科学与工程类（95.1%）、能源动力类（94.7%）、护理学类（94.1%）。对应服务的主要领域分别为建筑业、电力/能源、医院，这些领域的就业在疫情影响下相对稳定（见表 2-5）。

表 2-4　2021 届本科各学科门类本科生毕业半年后的毕业去向落实率

单位：%

本科学科门类名称	毕业去向落实率	本科学科门类名称	毕业去向落实率
工学	90.6	文学	86.1
教育学	89.9	经济学	85.6
管理学	89.1	历史学	85.3
农学	88.8	艺术学	85.1
医学	87.7	法学	81.8
理学	87.4		
全国本科			87.8

注：个别学科门类因为样本较少，没有包括在内。
资料来源：麦可思 – 中国 2021 届大学毕业生培养质量跟踪评价。

表 2-5　2021 届本科主要专业类本科生毕业半年后的毕业去向落实率

单位：%

本科专业类名称	毕业去向落实率	本科专业类名称	毕业去向落实率
管理科学与工程类	95.1	土木类	93.9
能源动力类	94.7	物流管理与工程类	93.6
护理学类	94.1	安全科学与工程类	93.3

续表

本科专业类名称	毕业去向落实率	本科专业类名称	毕业去向落实率
电气类	92.9	旅游管理类	89.3
交通运输类	92.9	矿业类	89.2
电子商务类	92.0	财政学类	88.8
机械类	91.8	生物工程类	88.6
药学类	91.7	临床医学类	88.3
中药学类	91.6	物理学类	88.1
医学技术类	91.6	公共管理类	88.1
公共卫生与预防医学类	91.5	数学类	88.0
地理科学类	91.2	工商管理类	87.9
自动化类	91.2	体育学类	87.8
仪器类	91.1	新闻传播学类	87.8
环境科学与工程类	91.1	统计学类	87.3
生物科学类	90.9	设计学类	87.3
轻工类	90.9	经济与贸易类	87.2
教育学类	90.8	口腔医学类	87.2
测绘类	90.8	中国语言文学类	86.7
社会学类	90.7	戏剧与影视学类	86.6
建筑类	90.7	金融学类	86.2
马克思主义理论类	90.6	中医学类	86.2
材料类	90.6	外国语言文学类	85.9
电子信息类	90.6	历史学类	85.3
计算机类	90.2	经济学类	85.1
化工与制药类	90.2	音乐与舞蹈学类	84.6
化学类	90.0	美术学类	84.0
食品科学与工程类	89.4	心理学类	82.8
植物生产类	89.4	法学类	80.9
全国本科			87.8

注：个别专业类因为样本较少，没有包括在内。

资料来源：麦可思－中国 2021 届大学毕业生培养质量跟踪评价。

与数字经济、电力/能源、物流、医药制造等领域相关的专业毕业去向落实率较高。从2021届就业量最大的前50位本科专业来看，毕业半年后毕业去向落实率较高的前三位专业为工程管理（96.8%）、护理学（94.1%）、机械电子工程（94.0%）（见表2-6）。

从本科生毕业去向落实率排名前50位的专业来看，工科专业的占比接近五成，其中与信息技术、能源、电子通信等相关的专业表现更为突出，包括信息安全（95.8%）、微电子科学与工程（95.5%）、给排水科学与工程（95.4%）、能源与动力工程（95.2%）等；另外毕业去向落实率排名居前的专业还包括隶属于管理学门类的工程管理（96.8%）以及隶属于医学门类的预防医学（96.1%）（见表2-7）。

表 2-6　2021届本科生毕业半年后就业量最大的前 50 位专业的毕业去向落实率

单位：%

本科就业量最大的前 50 位专业名称	毕业去向落实率
工程管理	96.8
护理学	94.1
机械电子工程	94.0
物流管理	93.6
药学	93.6
土木工程	93.5
信息管理与信息系统	93.3
电气工程及其自动化	92.7
电子商务	92.7
软件工程	92.2
小学教育	92.2
机械设计制造及其自动化	92.0
自动化	92.0
网络工程	91.9
市场营销	91.8
体育教育	91.8

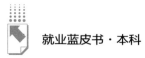

	续表
本科就业量最大的前50位专业名称	毕业去向落实率
生物科学	91.7
商务英语	91.6
环境工程	91.6
应用化学	91.5
电子信息工程	91.3
化学工程与工艺	91.1
工程造价	91.1
学前教育	90.7
通信工程	90.5
物联网工程	90.2
计算机科学与技术	90.0
数学与应用数学	89.7
汉语言文学	89.6
旅游管理	89.6
化学	89.4
人力资源管理	88.9
临床医学	88.4
视觉传达设计	88.4
产品设计	88.3
工商管理	88.1
环境设计	87.7
财务管理	87.6
信息与计算科学	87.6
会计学	87.2
国际经济与贸易	87.2
美术学	87.0
广播电视编导	86.8
金融学	86.4
音乐学	86.4
经济学	86.4

本科就业量最大的前 50 位专业名称	毕业去向落实率
	续表
日语	86.4
英语	85.4
音乐表演	82.3
法学	80.9
全国本科	87.8

资料来源：麦可思－中国 2021 届大学毕业生培养质量跟踪评价。

表 2-7　2021 届本科生毕业半年后毕业去向落实率排前 50 位的主要专业

单位：%

本科毕业去向落实率排前 50 位的专业名称	毕业去向落实率
工程管理	96.8
预防医学	96.1
信息安全	95.8
微电子科学与工程	95.5
给排水科学与工程	95.4
能源与动力工程	95.2
中药学	94.5
机械工程	94.4
物流工程	94.2
护理学	94.1
机械电子工程	94.0
水利水电工程	94.0
地理科学	93.8
信息工程	93.8
数字媒体技术	93.8
药学	93.6
物流管理	93.6
土木工程	93.5
交通工程	93.4
网络与新媒体	93.3
车辆工程	93.3
电子科学与技术	93.3

<table>
<thead>
<tr><th colspan="2" align="right">续表</th></tr>
<tr><th>本科毕业去向落实率排前 50 位的专业名称</th><th>毕业去向落实率</th></tr>
</thead>
<tbody>
<tr><td>安全工程</td><td>93.3</td></tr>
<tr><td>医学检验技术</td><td>93.3</td></tr>
<tr><td>信息管理与信息系统</td><td>93.3</td></tr>
<tr><td>交通运输</td><td>93.0</td></tr>
<tr><td>建筑学</td><td>93.0</td></tr>
<tr><td>电气工程及其自动化</td><td>92.7</td></tr>
<tr><td>康复治疗学</td><td>92.7</td></tr>
<tr><td>电子商务</td><td>92.7</td></tr>
<tr><td>材料科学与工程</td><td>92.5</td></tr>
<tr><td>工业工程</td><td>92.5</td></tr>
<tr><td>生物医学工程</td><td>92.3</td></tr>
<tr><td>小学教育</td><td>92.2</td></tr>
<tr><td>软件工程</td><td>92.2</td></tr>
<tr><td>房地产开发与管理</td><td>92.1</td></tr>
<tr><td>数字媒体艺术</td><td>92.1</td></tr>
<tr><td>广告学</td><td>92.0</td></tr>
<tr><td>机械设计制造及其自动化</td><td>92.0</td></tr>
<tr><td>无机非金属材料工程</td><td>92.0</td></tr>
<tr><td>自动化</td><td>92.0</td></tr>
<tr><td>网络工程</td><td>91.9</td></tr>
<tr><td>体育教育</td><td>91.8</td></tr>
<tr><td>地理信息科学</td><td>91.8</td></tr>
<tr><td>测绘工程</td><td>91.8</td></tr>
<tr><td>麻醉学</td><td>91.8</td></tr>
<tr><td>市场营销</td><td>91.8</td></tr>
<tr><td>生物科学</td><td>91.7</td></tr>
<tr><td>汽车服务工程</td><td>91.7</td></tr>
<tr><td>商务英语</td><td>91.6</td></tr>
<tr><td>全国本科</td><td>87.8</td></tr>
</tbody>
</table>

注：毕业生规模过小的专业不包括在此排序中。

资料来源：麦可思－中国 2021 届大学毕业生培养质量跟踪评价。

四　未就业分析

未就业：本研究将应届毕业生在毕业半年后跟踪评价时既没有受雇工作，也没有创业、自由职业、入伍或升学的状态，视为未就业。这包括准备考研、还在找工作和其他暂不就业三种情况。

应届本科生毕业半年后暂未就业人群，以考研为主，其中准备考研的群体超过半数，增幅远高于其他人群。具体来看，2021届本科毕业生中，准备考研的比例为6.5%，相比2017届（2.7%）上升了3.8个百分点，翻了一番多。可见，在疫情影响下，毕业先考研成为越来越多本科毕业生的选择，毕业生希望通过学历提升来增加自己未来的就业竞争力（见图2-6）。

图 2-6　2017~2021 届本科毕业生未就业比例变化趋势

资料来源：麦可思－中国2017~2021届大学毕业生培养质量跟踪评价。

2021届本科待就业的毕业生有近五成（49%）正在找工作（见图2-7），无明显增加，其职业定位与职场需求仍存在错位。正在找工作的毕业生中，有六成收到过用人单位录用通知（见图2-8），拒绝录用通知的主要原因是薪资福利、个人发展空间、企业文化等方面的，这也反映部分毕业生求职的关注因素和用人单位的吸引因素匹配错位（见图2-9）。

疫情下毕业生择业求稳求编制的心态加剧。待就业毕业生中，除了正在找工作的以外，半数都在准备公务员、事业单位公开招录考试，这一比例近五年增长翻倍。2022 年国考总报名人数突破 200 万人，创历史新高，平均竞争比达 68∶1，在招录的岗位人数中，招录应届毕业生的占比在六成以上。在疫情防控常态化和高校毕业生人数增长的就业压力下，毕业生求职更加求稳。

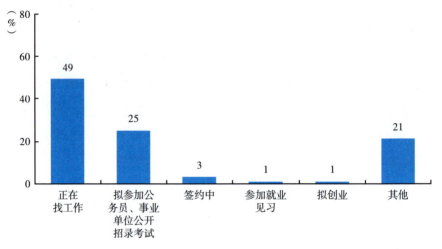

图 2-7　2021 届本科待就业毕业生分布

资料来源：麦可思 - 中国 2021 届大学毕业生培养质量跟踪评价。

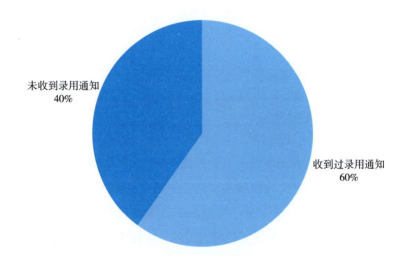

图 2-8　2021 届本科正在找工作的毕业生收到过录用通知的比例

资料来源：麦可思 - 中国 2021 届大学毕业生培养质量跟踪评价。

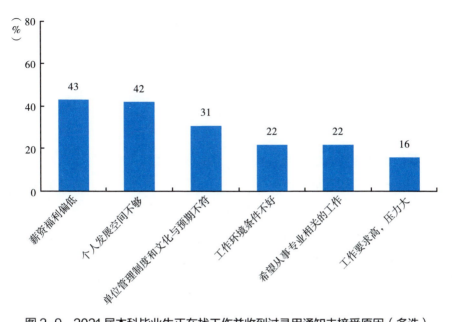

图 2-9　2021 届本科毕业生正在找工作并收到过录用通知未接受原因（多选）

资料来源：麦可思 - 中国 2021 届大学毕业生培养质量跟踪评价。

B.3
本科毕业生就业结构分析

摘　要： 新冠肺炎疫情以来，本科毕业生的就业流向有所变化。从就业地来看，本科毕业生就业重心下沉明显，更多毕业生选择回家乡工作；新一线城市对应届本科毕业生的吸引力持续增强。从就业领域来看，"双减"政策影响下教培行业需求下降明显，互联网行业需求增速放缓，政策性岗位趋于饱和，而数字经济、工业互联网相关岗位的需求进一步增长。民企仍是聘用本科毕业生的主力军，中小微企业受疫情影响较大，需关注其扶持措施。

关键词： 就业地　就业结构　中小微企业　本科生

一　就业地分析

泛珠三角、泛长三角地区人才吸引力持续较强，泛渤海湾地区有所下降。从应届本科毕业生就业地[①]分布来看，2021届在泛长三角地区就业的占比（25.2%）最高，其次是泛珠三角地区（20.1%）；结合各地区本科院校毕业生占比和毕业去向落实率综合来看，泛珠三角地区人才的吸引力（毕业生占比13.3%、毕业去向落实率91.9%）最大，毕业生流入较多，其次是泛长三角地区（毕业生占比19.6%、毕业去向落实率90.9%）。而泛渤海湾地区（毕业生占比20.5%、毕业去向落实率87.2%、本科毕业生在泛渤海湾地区就业的占比为18.6%）毕业生有所外流（见图3-1、技术报告表1）。

---

①　就业地：指大学毕业生的就业所在地区。

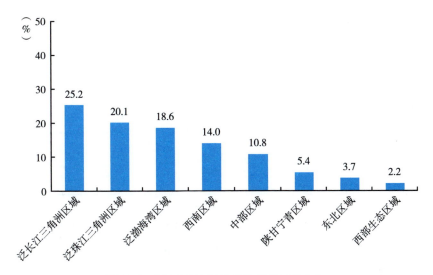

图 3-1　2021 届本科毕业生就业地的分布

资料来源：麦可思－中国 2021 届大学毕业生培养质量跟踪评价。

城市类型：

1. 本研究按行政级别把中国内地城市分为以下三种类型。

a. 直辖市：包括北京、上海、天津、重庆。

b. 副省级城市：包括哈尔滨、长春、沈阳、大连、济南、青岛、南京、杭州、宁波、厦门、广州、深圳、武汉、成都、西安 15 个城市。

c. 地级城市及以下：如绵阳、保定、苏州等，也包括省会城市如福州、银川等，以及地级市下属的县、乡等。

疫情以来，本科毕业生就业重心下沉明显。从近五年的数据来看，本科毕业生选择在地级城市及以下地区就业的比例上升明显，从 2017 届的 54% 上升到 2021 届的 58%，疫情下更多毕业生选择回家乡工作；与此同时，毕业生选择在直辖市就业的比例逐年下降，从 2017 届的 19% 下降到 2021 届的 13%；毕业生选择在副省级城市就业的比例五年来相对稳定（见图 3-2）。

2. 本研究根据城市发展水平、综合经济实力等把主要城市分为一线城市和新一线城市。

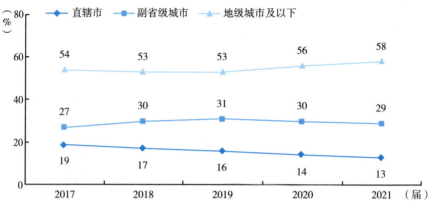

图 3-2　2017~2021 届本科毕业生就业城市类型分布变化

资料来源：麦可思－中国 2017~2021 届大学毕业生培养质量跟踪评价。

一线城市：北京、上海、广州、深圳。

新一线城市：《第一财经周刊》于 2013 年首次提出"新一线城市"概念，依据商业资源集聚度、城市枢纽性、城市人活跃度、生活方式多样性和未来可塑性五大指标，每年评出 15 座新一线城市。2021 年评出的 15 座新一线城市依次是：成都、杭州、重庆、西安、苏州、武汉、南京、天津、郑州、长沙、东莞、佛山、宁波、青岛、沈阳。

新一线城市对应届本科毕业生的吸引力持续增强。从近五年的数据来看，本科毕业生选择在新一线城市就业的比例从 2017 届的 24% 上升到 2021 届的 27%，而在一线城市就业的比例从 2017 届的 22% 下降到 2021 届的 18%（见图 3-3）。一线城市高成本、高房价、高压力等因素以及新一线城市不断优化的就业环境和人才引进政策促使更多毕业生流向新一线城市。

二　行业、职业流向分析

（一）就业的主要行业及变化趋势

行业：根据麦可思中国行业分类体系，本次跟踪评价覆盖了本科毕业生

图 3-3　2017~2021 届本科毕业生在一线城市、新一线城市就业的比例变化趋势

资料来源：麦可思 - 中国 2017~2021 届大学毕业生培养质量跟踪评价。

就业的 324 个行业。

本节各图表中的"就业比例"＝在某类行业中就业的本科毕业生人数 / 全国同届次本科毕业生就业总数。

"双减"政策影响下，教培行业需求下降明显，此外，互联网产业需求增速放缓，建筑业、金融业需求下降；电子电气设备制造业需求增长。

从毕业生就业行业的占比来看，2021 届本科毕业生半年后就业最多的行业类是"教育业"（14.0%），其后依次是"信息传输、软件和信息技术服务业"（9.2%）、"建筑业"（8.6%）等（见表 3-1）。其中，毕业生在"教育业"的就业比例较 2020 届（17.0%）下降了 3.0 个百分点，由于"双减"政策的影响，2021 届本科毕业生在"教育业"中的教育培训机构就业比例下降较多，2021 届就业比例为 6.0%，比 2020 届（7.9%）下降 1.9 个百分点。

需要注意的是，疫情以来，政府机关、教育系统、国有企业等领域开拓政策性岗位助力毕业生就业，扩大了对应届毕业生的吸纳，如政府及公共管理、中小学、建筑类大型国企等（见表 3-2）。但政策性岗位的开拓是暂时性的，对毕业生的吸纳数量不具有持续性。

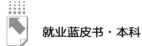

表 3-1　2017~2021 届本科毕业生就业的主要行业类变化趋势

单位：%，个百分点

行业类名称	2021 届	2020 届	2019 届	2018 届	2017 届	五年变化
教育业	14.0	17.0	15.9	14.9	14.7	-0.7
信息传输、软件和信息技术服务业	9.2	9.0	8.9	8.8	8.5	0.7
建筑业	8.6	9.0	8.9	9.1	8.4	0.2
金融业	7.2	7.5	7.8	8.1	9.0	-1.8
政府及公共管理	6.4	6.2	6.0	6.0	5.9	0.5
电子电气设备制造业（含计算机、通信、家电等）	6.2	5.7	5.7	5.6	5.9	0.3
医疗和社会护理服务业	6.0	5.9	6.0	6.2	6.3	-0.3
各类专业设计与咨询服务业	5.3	5.1	5.8	5.5	5.4	-0.1
文化、体育和娱乐业	4.6	4.2	4.6	4.2	3.9	0.7
零售业	3.8	3.5	3.4	4.0	4.1	-0.3
电力、热力、燃气及水生产和供应业	2.6	2.4	2.2	1.6	1.8	0.8
机械设备制造业	2.6	2.5	2.4	2.4	2.7	-0.1
医药及设备制造业	2.4	2.1	2.0	1.8	1.6	0.8
运输业	2.3	2.2	2.4	2.2	2.0	0.3
房地产开发及租赁业	1.9	2.1	2.3	2.4	2.3	-0.4
化学品、化工、塑胶制造业	1.8	1.8	1.8	1.9	1.9	-0.1
行政、商业和环境保护辅助业	1.7	1.7	1.9	2.1	2.0	-0.3
居民服务、修理和其他服务业	1.4	1.3	1.5	1.8	1.8	-0.4
其他制造业	1.3	1.0	0.9	0.6	0.6	0.7
交通运输设备制造业	1.3	1.3	1.5	1.9	2.4	-1.1
住宿和餐饮业	1.2	1.1	1.3	1.5	1.4	-0.2
纺织、服装、皮革制造业	1.1	0.9	1.0	1.0	1.1	0.0
农、林、牧、渔业	1.0	1.0	0.6	0.8	0.7	0.3
邮递、物流及仓储业	1.0	0.9	0.7	0.9	0.9	0.1
食品、烟草、加工业	1.0	0.9	0.9	1.0	1.1	-0.1
采矿业	0.9	0.8	0.6	0.6	0.5	0.4
批发业	0.7	0.6	0.6	0.9	0.9	-0.2
家具制造业	0.6	0.5	0.5	0.6	0.7	-0.1

续表

行业类名称	2021届	2020届	2019届	2018届	2017届	五年变化
初级金属制造业	0.6	0.6	0.5	0.6	0.5	0.1
玻璃黏土、石灰水泥制品业	0.6	0.4	0.4	0.4	0.4	0.2
木品和纸品业	0.3	0.2	0.2	0.2	0.3	0.0
群众团体、社会团体和宗教组织	0.2	0.3	0.2	0.1	0.2	0.0
其他租赁业	0.1	0.2	0.2	0.1	0.2	−0.1

注：表中显示数字均保留一位小数，因为四舍五入进位，加起来可能不等于100%。
资料来源：麦可思－中国2017~2021届大学毕业生培养质量跟踪评价。

表 3-2　2021届本科毕业生就业量最大的前50位行业

单位：%

行业名称	就业比例
中小学教育机构	8.2
软件开发业	4.2
综合医院	2.7
发电、输电业	2.2
其他金融投资业	2.2
互联网运营与网络搜索引擎业	2.0
住宅建筑施工业	2.0
其他各级党政机关	1.8
高速公路、街道及桥梁建筑业	1.8
教育辅助服务业	1.7
药品和医药制造业	1.7
储蓄信用中介	1.6
半导体和其他电子元件制造业	1.5
其他娱乐和休闲产业	1.5
其他信息服务业	1.5
建筑基础、结构、楼房外观承建业	1.5
其他学院和培训机构	1.4
会计、审计与税务服务业	1.4
其他制造业	1.3
通信设备制造业	1.2

续表

行业名称	就业比例
非住宅建筑施工业	1.1
幼儿园与学前教育机构	1.1
居民服务业	1.1
中国人民银行、保监会和证监会	1.1
计算机及外围设备制造业	1.0
其他公共管理服务组织	1.0
建筑装修业	0.9
司法、执法部门（公检法）	0.9
各级党政领导机构及人大、政协	0.8
广告及相关服务业	0.8
电气设备制造业	0.7
物流仓储业	0.7
房地产开发业	0.7
百货零售业	0.7
其他化工产品制造业	0.7
保险机构	0.7
建筑、工程及相关咨询服务业	0.7
医疗设备及用品制造业	0.7
保险代理、经销、其他保险相关业	0.7
中等职业教育机构	0.6
汽车制造业	0.6
专科医院	0.6
基层医疗卫生服务机构	0.6
法律、知识产权服务业	0.6
其他零售业	0.6
电影与影视产业	0.6
综合性餐饮业	0.6
数据处理、托管和相关服务业	0.6
计算机系统设计服务业	0.5
工业成套设备制造业	0.5

资料来源：麦可思－中国 2021 届大学毕业生培养质量跟踪评价。

（二）主要行业的就业稳定性

行业转换率：行业转换是指毕业生在毕业半年后就业于某行业（小类），而毕业五年内进入不同的行业就业。行业转换率是指有多大比例的毕业生在毕业五年内转换了行业。其计算方法为：分母是毕业半年后有工作的毕业生数，分子是毕业五年内所在行业与半年后所在行业不同的毕业生数。

2016届本科毕业生工作五年内有44%转换了行业，比2015届（42%）高2个百分点。"双一流"院校基本保持稳定，2016届"双一流"院校本科毕业生工作五年内有35%转换了行业，与2015届（34%）基本持平；地方本科院校略有上升，2016届行业转换率为46%，比2015届（44%）高2个百分点（见图3-4）。

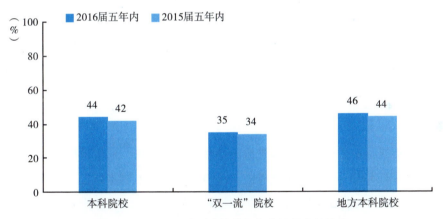

图3-4 2016届本科生毕业五年内的行业转换率

资料来源：麦可思-中国2015届、2016届大学毕业生五年后职业发展跟踪评价。

从各类学科来看，管理学、艺术学毕业生五年内的行业转换率持续较高（2016届分别为52%、51%），医学、教育学毕业生五年内的行业转换率持续较低（2016届分别为23%、26%）（见表3-3）。这主要与不同学科服务面向的领域相关，管理学、艺术学服务面向的领域较广且多集中在民企，就业更为灵活，流动性相对较强；而医学、教育学主要面向医疗、教育机构，从业稳定性较高。

表3-3　2016届本科各学科门类毕业生毕业五年内的行业转换率

单位：%

本科学科门类名称	2016届五年内行业转换率	2015届五年内行业转换率
管理学	52	50
艺术学	51	47
工学	44	45
文学	44	42
经济学	43	43
农学	43	43
理学	38	35
法学	37	39
教育学	26	26
医学	23	22
全国本科	44	42

注：个别学科门类因为样本较少，没有包括在内。

资料来源：麦可思－中国2015届、2016届大学毕业生五年后职业发展跟踪评价。

从不同行业类来看，消费性服务领域本科毕业生行业转换率较高，公共服务领域的本科毕业生转换率较低。具体来看，2016届本科毕业生五年内行业转换率最高的前五位行业类是"零售业"（75%）、"住宿和餐饮业"（72%）、"居民服务、修理和其他服务业"（72%）、"文化、体育和娱乐业"（71%）、"各类专业设计与咨询服务业"（67%），这些行业也是在疫情防控常态化下，局部地区疫情反弹阶段性受影响较大的行业（见图3-5）。

最低的前五位行业类是"电力、热力、燃气及水生产和供应业"（23%）、"教育业"（30%）、"医疗和社会护理服务业"（35%）、"政府及公共管理"（41%）、"运输业"（42%），此类行业的相关专业人才从业的岗位门槛也比较高（见图3-6）。

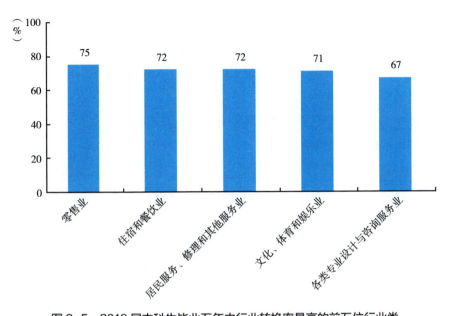

图 3-5　2016 届本科生毕业五年内行业转换率最高的前五位行业类

资料来源：麦可思－中国 2016 届大学毕业生五年后职业发展跟踪评价。

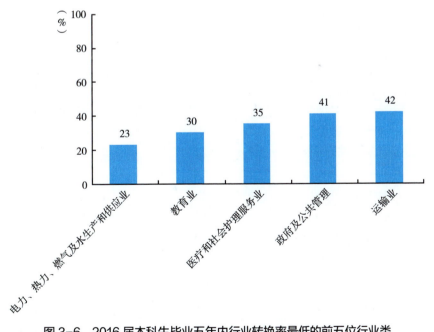

图 3-6　2016 届本科生毕业五年内行业转换率最低的前五位行业类

资料来源：麦可思－中国 2016 届大学毕业生五年后职业发展跟踪评价。

（三）从事的主要职业及变化趋势

职业：根据麦可思中国职业分类体系，本次跟踪评价覆盖了本科毕业生能够从事的 584 个职业。

本节各表中的"就业比例"＝在某类职业中就业的本科毕业生人数 / 全国同届次本科毕业生就业总数。

"双减"政策影响下，K12 教培相关岗位需求下降明显；随着数字经济、工业互联网等领域的快速发展，相关的岗位需求有所增长。

从毕业生就业岗位来看，2021 届本科毕业生半年后就业最多的职业类是"中小学教育"（8.9%），其后依次是"财务 / 审计 / 税务 / 统计"（7.5%）、"行政 / 后勤"（7.3%）、"互联网开发及应用"（6.7%）等。其中，2021 届本科毕业生从事"中小学教育"类职业的比例比 2020 届（10.8%）下降了 1.9 个百分点，主要是与"双减"政策下 K12 教培机构调整有关。此外，从事互联网开发、新零售、运营类岗位的比例有上升趋势，从事金融类岗位的比例近五年持续下降（见表 3-4、表 3-5）。

表 3-4　2017~2021 届本科毕业生从事的主要职业类变化趋势

单位：%，个百分点

本科职业类名称	2021 届	2020 届	2019 届	2018 届	2017 届	五年变化
中小学教育	8.9	10.8	10.1	9.7	9.5	−0.6
财务 / 审计 / 税务 / 统计	7.5	7.3	7.7	8.0	8.2	−0.7
行政 / 后勤	7.3	6.9	6.9	7.2	7.4	−0.1
互联网开发及应用	6.7	6.1	6.0	5.9	5.7	1.0
计算机与数据处理	5.8	5.8	5.7	5.9	5.8	0.0
建筑工程	5.6	6.2	5.9	5.9	5.3	0.3
金融（银行 / 基金 / 证券 / 期货 / 理财）	5.4	5.6	5.7	6.4	7.0	−1.6
销售	5.4	5.2	5.3	4.9	5.3	0.1
医疗保健 / 紧急救助	5.1	5.0	5.1	5.4	5.7	−0.6
媒体 / 出版	3.9	3.6	3.8	4.1	4.2	−0.3

本科职业类名称	2021 届	2020 届	2019 届	2018 届	2017 届	五年变化
电气 / 电子（不包括计算机）	3.6	3.5	3.5	3.2	3.6	0.0
美术 / 设计 / 创意	2.5	2.3	2.5	2.5	2.5	0.0
生产 / 运营	2.5	2.1	2.2	2.0	1.9	0.6
机械 / 仪器仪表	2.3	2.3	2.3	2.3	2.4	−0.1
人力资源	2.3	2.0	2.1	2.4	2.3	0.0
幼儿与学前教育	1.8	1.7	1.7	1.9	1.4	0.4
生物 / 化工	1.8	1.7	1.6	1.5	1.3	0.5
表演艺术 / 影视	1.7	1.6	1.7	1.3	1.2	0.5
交通运输 / 邮电	1.6	1.6	1.7	1.3	1.1	0.5
电力 / 能源	1.5	1.4	1.3	1.1	1.2	0.3
公安 / 检察 / 法院 / 经济执法	1.3	1.1	1.1	1.0	1.0	0.3
职业 / 教育培训	1.1	1.9	2.3	1.9	1.5	−0.4
物流 / 采购	1.0	1.0	0.9	0.9	0.9	0.1
经营管理	1.0	0.9	1.0	0.8	1.0	0.0
房地产经营	0.9	1.0	1.0	1.0	1.0	−0.1
餐饮 / 娱乐	0.9	0.8	0.9	0.7	0.8	0.1
保险	0.8	0.9	1.0	1.0	1.2	−0.4
机动车机械 / 电子	0.8	0.7	0.8	0.9	1.2	−0.4
工业安全与质量	0.8	0.7	0.7	0.9	0.8	0.0
社区工作者	0.8	0.7	0.6	0.6	0.6	0.2
文化 / 体育	0.8	0.7	0.7	0.9	0.8	0.0
中等职业教育	0.7	0.8	—	—	—	—
研究人员	0.7	0.7	0.6	0.6	0.6	0.1
酒店 / 旅游 / 会展	0.7	0.8	1.0	1.0	1.0	−0.3
农 / 林 / 牧 / 渔类	0.7	0.7	0.4	0.5	0.4	0.3
环境保护	0.6	0.7	0.7	0.6	0.6	0.0
律师 / 律政调查员	0.6	0.6	0.7	0.6	0.6	0.0
航空机械 / 电子	0.5	0.5	0.6	0.4	0.4	0.1
矿山 / 石油	0.4	0.5	0.4	0.4	0.3	0.1
测绘	0.4	0.5	0.6	0.5	0.6	−0.2

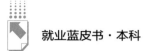

续表

本科职业类名称	2021 届	2020 届	2019 届	2018 届	2017 届	五年变化
服装 / 纺织 / 皮革	0.3	0.3	0.3	0.3	0.3	0.0
翻译	0.3	0.2	0.3	0.5	0.6	−0.3
公共关系	0.3	0.2	0.2	0.3	0.4	−0.1
冶金材料	0.2	0.2	0.2	0.2	0.1	0.1
美容 / 健身	0.1	0.1	0.2	0.2	0.3	−0.2
船舶机械	0.1	0.1	0.2	0.1	0.1	0.0

注 1："中等职业教育"为 2020 届新增职业类，因此无往届数据。

注 2：表中显示数字均保留一位小数，因为四舍五入进位，加起来可能不等于 100%。

资料来源：麦可思 - 中国 2017~2021 届大学毕业生培养质量跟踪评价。

表 3-5　2021 届本科毕业生就业量最大的前 50 位职业

单位：%

本科职业名称	就业比例
文员	4.7
会计	3.7
互联网开发人员	3.4
小学教师	3.2
初中教师	2.6
高中教师	2.2
银行柜员	2.0
计算机程序员	1.9
出纳员	1.5
护士	1.5
行政秘书和行政助理	1.5
幼儿教师	1.2
审计人员	1.2
电子商务专员	1.2
建筑技术人员	1.1
施工工程技术人员	1.0
教育培训人员	0.9
各类销售服务人员	0.9

续表

本科职业名称	就业比例
电子工程技术人员	0.9
土木工程技术人员	0.8
软件质量保证和测试工程技术人员	0.7
化学技术人员	0.7
编辑	0.7
平面设计人员	0.7
电气工程技术人员	0.7
运营经理	0.7
人力资源助理	0.7
房地产经纪人	0.7
市场专员	0.7
中等职业教育教师	0.6
招聘专职人员	0.6
室内设计师	0.6
信息支持与服务人员	0.6
网络传媒工作人员	0.6
生物医学工程技术人员	0.6
客服专员	0.6
计算机软件应用工程技术人员	0.6
工业工程技术人员	0.6
人力资源服务人员	0.6
医学和临床实验室技术人员	0.5
电厂操作人员	0.5
教学辅助人员	0.5
采购员	0.5
社工	0.5
营业员	0.5
法律职员	0.5
网络管理人员	0.5
计算机技术支持人员	0.5
包装设计师	0.5
工程造价人员	0.5

资料来源：麦可思－中国 2021 届大学毕业生培养质量跟踪评价。

（四）主要职业的就业稳定性

职业转换：职业转换是指毕业生在毕业半年后从事某种职业，毕业五年内由原职业转换到不同的职业。转换职业通常在工作单位内部完成的并不代表离职；反过来讲，更换雇主可能也不代表转换职业。

职业转换率：职业转换率是指有多大比例的毕业生在毕业五年内转换了职业。其计算方法为：分母是毕业半年后有工作的毕业生数，分子是毕业五年内从事的职业与半年后从事的职业不同的毕业生数。

2016届本科毕业生工作五年内有38%转换了职业，与2015届（39%）基本持平。"双一流"院校、地方本科院校2016届工作五年内分别有31%、39%转换了职业（见图3-7）。

从不同学科门类来看，管理学、文学、艺术学毕业生五年内的职业转换率（分别为44%、43%、43%）持续较高；医学毕业生五年内的职业转换率（18%）持续最低（见表3-6）。职业转换与岗位发展有关，管理学、文学、艺术学多为宽口径就业；而医学毕业生从事专业相关工作的比例较高，岗位的专业性较强，稳定程度较高。

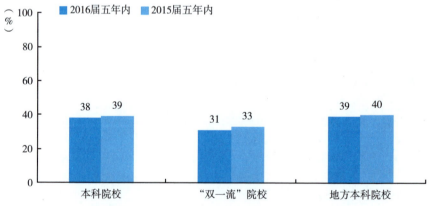

图3-7　2016届本科生毕业五年内的职业转换率（与2015届对比）

资料来源：麦可思-中国2015届、2016届大学毕业生五年后职业发展跟踪评价。

表 3-6 2016 届本科各学科门类毕业生五年内的职业转换率（与 2015 届对比）

单位：%

本科学科门类名称	2016 届五年内职业转换率	2015 届五年内职业转换率
管理学	44	44
文学	43	44
艺术学	43	42
农学	41	42
经济学	40	41
法学	40	40
工学	39	41
理学	30	31
教育学	25	27
医学	18	17
全国本科	38	39

注：个别学科门类因为样本较少，没有包括在内。

资料来源：麦可思 – 中国 2015 届、2016 届大学毕业生五年后职业发展跟踪评价。

三 用人单位流向分析

民企 / 个体仍是聘用本科毕业生的主力军。具体来看，2021 届本科毕业生在民营企业 / 个体就业的比例（53%）最高，其后依次是政府机构 / 科研或其他事业单位（21%）、国有企业（20%）（见图 3-8）。

疫情以来，政府机构 / 科研或其他事业单位、国企扩大对应届毕业生的招录，在稳就业、保就业中发挥了相应作用。具体来看，2018 届本科毕业生在政府机构 / 科研或其他事业单位就业的比例为 19%，到 2021 届提升 2 个百分点；2018 届本科毕业生在国企就业的比例为 19%，到 2020 届提升 2 个百分点，从 2021 届来看基本饱和。这也反映了政策性岗位开拓是暂时性的，仍需更大程度挖掘市场化岗位的需求。

图 3-8　2018~2021 届本科毕业生就业的用人单位类型分布变化趋势

资料来源：麦可思－中国 2018~2021 届大学毕业生培养质量跟踪评价。

从不同学科门类来看，艺术学、农学、管理学、文学、理学、工学在民企就业更多，医学毕业生则主要在医院就业，历史学在事业单位就业更多，这也和各学科的人才培养目标定位有关（见图 3-9）。

此外，历史学、法学、教育学在政府机构／科研或其他事业单位就业比例有所下降（较 2020 届下降了 5~8 个百分点），这主要是因为 2020 年中小学事业单位教师扩招，政策性岗位开拓是暂时性的，高校管理者在毕业生的就业渠道上仍需帮助多元开拓。

中小微企业是吸纳本科毕业生的主体，但疫情以来持续下降，与此同时，在大型企业就业比例有所上升。具体来看，2021 届本科毕业生在 300 人及以下规模的企业就业的比例（46%）最高，其次是 3000 人以上规模的大企业（27%）。从近三年的变化趋势来看，中小微企业就业比例下降了 3 个百分点，3000 人以上规模的大企业就业比例上升了 2 个百分点（见图 3-10）。这也反映了疫情对中小微企业影响的程度更为显著，一方面与企业的经营收入有关，另一方面也与毕业生择业的心态更求稳有关。中小微企业的健康发展对于提升经济活力、技术创新和就业吸纳有着重要作用，而对于中小微企业全方位的政策扶持仍然任重道远。

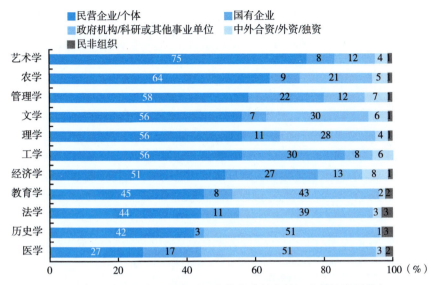

图 3-9　2021 届本科各学科门类毕业生就业的用人单位类型分布

注：个别学科门类因为样本较少，没有包括在内。

资料来源：麦可思 – 中国 2021 届大学毕业生培养质量跟踪评价。

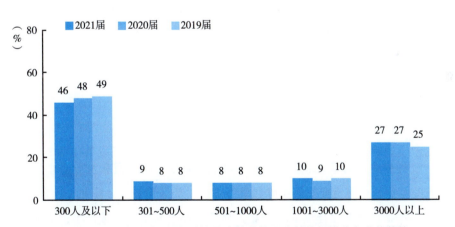

图 3-10　2019~2021 届本科毕业生就业的用人单位规模分布变化趋势

资料来源：麦可思 – 中国 2019~2021 届大学毕业生培养质量跟踪评价。

从不同学科门类来看，人文社科类在 300 人及以下规模的单位就业更多，主要为教育学、艺术学、历史学、法学、文学。此外，工学、医学类在 3000

人以上规模单位就业的比例（分别为50%、45%）较2020届（分别为36%、23%）有明显上升，分别上升了14个、22个百分点（见图3-11）。

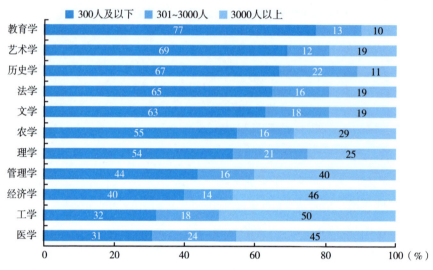

图3-11　2021届本科各学科门类就业的用人单位规模分布

注：个别学科门类因为样本较少，没有包括在内。

资料来源：麦可思－中国2021届大学毕业生培养质量跟踪评价。

四　专业预警分析

红牌专业指的是失业量较大，毕业去向落实率、薪资和就业满意度综合较低的专业。黄牌专业指的是除红牌专业外，失业量较大，毕业去向落实率、薪资和就业满意度综合较低的专业。绿牌专业指的是失业量较小，毕业去向落实率、薪资和就业满意度综合较高的专业，为需求增长型专业。红黄绿牌专业反映的是全国总体情况，各省区、各高校情况可能会有差别。

2022届本科就业绿牌专业包括：信息安全、网络工程、信息工程、微电子科学与工程、数字媒体技术、能源与动力工程。其中，信息安全、网络工程、信息工程连续三届绿牌。行业需求增长是造就绿牌专业的主要因素。

2022 届本科就业红牌专业包括：汉语国际教育、绘画、应用心理学、音乐表演、法学。其中，绘画、应用心理学、音乐表演、法学连续三届红牌。这与相关专业毕业生供需矛盾有关（见表 3-7）。

表 3-7　2022 届本科"红黄绿牌"专业		
红牌专业	黄牌专业	绿牌专业
汉语国际教育	化学	信息安全
绘画	翻译	网络工程
应用心理学	美术学	信息工程
音乐表演	历史学	微电子科学与工程
法学		数字媒体技术
		能源与动力工程

资料来源：麦可思－中国 2019~2021 届大学毕业生培养质量跟踪评价。

B.4
本科毕业生收入分析

摘　要： 应届本科毕业生薪资较疫情前有提升。泛长三角、泛珠三角地区的薪资水平始终保持领先，新一线城市发展潜力进一步释放，快速的经济发展也是受益于高等教育的人才流入。与数字经济、工业互联网、新能源等领域相关的工科专业薪资优势明显；与建筑、电力/能源、设备制造等支柱产业相关的专业薪资保持稳定增长；需注意的是，受互联网产业岗位结构优化的影响，计算机类专业薪资增速放缓。高等教育回报在毕业三到五年明显，毕业五年后的薪资是毕业时的 2.4 倍。

关键词： 教育回报　薪资增长　地区收入差异　行业薪资水平　本科生

一　总体收入分析

应届本科毕业生薪资较疫情前有提升。从近五年的数据来看，除 2020 届由于疫情影响保持基本稳定外，应届本科毕业生月收入[①]持续上升，2021 届达到 5833 元，涨幅达 22.2%（剔除通货膨胀因素影响后涨幅达 12.4%），明显高于城镇居民 2021 年月均可支配收入（3951 元）。从不同院校类型来看，近五年"双一流"院校、地方本科院校毕业生薪资均有提升，2021 届分别达到 7025 元、5594 元，"双一流"院校增长更快（见图 4-1、图 4-2）。

---

① 月收入：指工资、奖金、业绩提成、现金福利补贴等所有的月度现金收入。

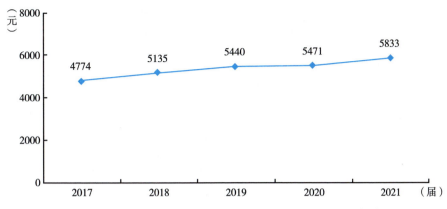

图 4-1　2017~2021 届本科生毕业半年后的月收入变化趋势

资料来源：麦可思－中国 2017~2021 届大学毕业生培养质量跟踪评价。

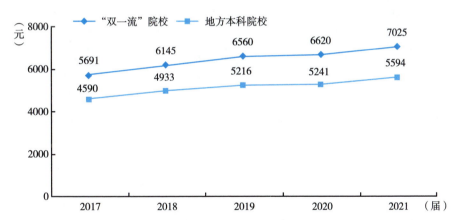

图 4-2　2017~2021 届各类本科院校毕业生毕业半年后的月收入变化趋势

资料来源：麦可思－中国 2017~2021 届大学毕业生培养质量跟踪评价。

高等教育回报在毕业三到五年明显。从毕业生毕业三年后和毕业五年后[①]的薪资水平来看，毕业三年后（2018 届）的月收入达到 8645 元，与同届

---

① **毕业三年后和毕业五年后月收入：** 分别指的是 2018 届大学生毕业三年后和 2016 届大学生毕业五年后的月收入。

　三年后月收入涨幅 ＝（毕业三年后的月收入－毕业半年后的月收入）/ 毕业半年后的月收入。

　五年后月收入涨幅 ＝（毕业五年后的月收入－毕业半年后的月收入）/ 毕业半年后的月收入。

毕业时（5135 元）相比涨幅达 68%；毕业五年后（2016 届）后的月收入进一步达到 10436 元，与同届毕业时（4376 元）相比涨幅达到 138%。

从不同院校类型来看，"双一流"院校的长期回报更显著。相对于毕业半年时月收入，"双一流"院校和地方本科院校 2018 届本科毕业生在毕业三年后的月收入涨幅分别为 70%、68%，2016 届本科毕业生毕业五年后月收入涨幅分别达到 152%、135%（见图 4-3、图 4-4）。

图 4-3　2018 届本科生毕业三年后的月收入（与 2018 届毕业半年后对比）

资料来源：麦可思 – 中国 2018 届大学毕业生三年后职业发展跟踪评价，2018 届大学毕业生培养质量跟踪评价。

图 4-4　2016 届本科生毕业五年后的月收入（与 2016 届毕业半年后、三年后对比）

资料来源：麦可思 – 中国 2016 届大学毕业生五年后职业发展跟踪评价，2016 届大学毕业生三年后职业发展跟踪评价，2016 届大学毕业生培养质量跟踪评价。

二 各专业收入分析

随着数字经济、工业互联网、新能源等领域的快速发展，与这些领域相关的工科专业薪资优势明显。从各学科门类毕业生毕业半年后的月收入来看，工学月收入连续三年持续最高，2021 届为 6323 元；经济学和管理学月收入（2021 届分别为 5841 元、5744 元）分别位列第二、三位。历史学、教育学月收入（2021 届分别为 4848 元、4935 元）相对偏低，这些专业多服务于公办教育机构。薪资水平与劳动力市场人才供需、行业特点及用人单位类型均有一定关系（见表 4-1）。

从毕业三年后和五年后的月收入来看，工学排名持续领先、涨幅也居首位。具体来看，工学毕业生在毕业三年后和毕业五年后的月收入均领先于其他学科，其涨幅分别达到 78%、152%，均排名第一。此外，管理学、经济学、农学、医学毕业生毕业五年后的月收入涨幅也相对较高，特别是农学和医学，属于起薪低涨幅大的就业特征，需要更多地关注其中长期的职业发展（见表 4-2、表 4-3）。

表 4-1　2019~2021 届本科各学科门类毕业生毕业半年后的月收入

单位：元

本科学科门类名称	2021 届	2020 届	2019 届
工学	6323	5913	5809
经济学	5841	5524	5519
管理学	5744	5381	5350
理学	5689	5458	5392
艺术学	5475	5182	5256
文学	5399	5197	5234
农学	5381	4984	4972
法学	5222	4963	4960
医学	5152	4960	5005
教育学	4935	4846	4778
历史学	4848	4610	4592
全国本科	5833	5471	5440

注：个别学科门类因为样本较少，没有包括在内。

资料来源：麦可思－中国 2019~2021 届大学毕业生培养质量跟踪评价。

表 4-2　2018 届本科各学科门类毕业生毕业三年后的月收入与涨幅

单位：元，%

本科学科门类名称	毕业三年后的月收入	毕业半年后的月收入	月收入涨幅
工学	9748	5485	78
经济学	9109	5283	72
管理学	8308	4996	66
理学	8197	5037	63
艺术学	8118	4906	65
文学	7880	4983	58
农学	7813	4724	65
法学	7755	4690	65
医学	7641	4622	65
教育学	6916	4551	52
全国本科	8645	5135	68

注：个别学科门类因为样本较少，没有包括在内。

资料来源：麦可思－中国 2018 届大学毕业生三年后职业发展跟踪评价，2018 届大学毕业生培养质量跟踪评价。

表 4-3　2016 届本科各学科门类毕业生毕业五年后的月收入与涨幅

单位：元，%

本科学科门类名称	毕业五年后的月收入	毕业半年后的月收入	月收入涨幅
工学	11778	4676	152
经济学	11279	4528	149
管理学	10607	4240	150
农学	9561	3872	147
艺术学	9399	4120	128
法学	9354	4119	127
医学	9266	3766	146
理学	9245	4453	108
文学	8948	4288	109
教育学	8322	3981	109
全国本科	10436	4376	138

注：个别学科门类因为样本较少，没有包括在内。

资料来源：麦可思－中国 2016 届大学毕业生五年后职业发展跟踪评价，2016 届大学毕业生培养质量跟踪评价。

随着数字经济的快速发展以及制造业数字化、智能化升级的深入，就业市场对相关专业人才需求旺盛，毕业生起薪薪资优势明显。2021届计算机类、电子信息类、自动化类、仪器类、管理科学与工程类专业月收入位列前五，分别为6886元、6429元、6356元、6323元、6104元（见表4-4）。

从近三年月收入增速来看，建筑、电力/能源、设备制造等支柱产业的相关专业薪资保持稳定增长。具体来看，土木类、能源动力类、环境科学与工程类、材料类、电气类、矿业类专业月收入增长较快，与2019届相比增长率均超过10%，分别达到11.4%、11.1%、10.8%、10.7%、10.5%、10.1%。体育学类、音乐与舞蹈学类专业月收入增长较慢，这一方面与疫情对文娱类产业阶段性的影响有关，另一方面是在中小学事业单位就业的毕业生初始收入相对稳定。需要注意的是，计算机类专业月收入增速放缓，这也与互联网产业的岗位结构优化有关（见表4-5、表4-6）。

表4-4　2019~2021届本科主要专业类毕业生毕业半年后的月收入

单位：元

本科专业类名称	2021届	2020届	2019届
计算机类	6886	6800	6858
电子信息类	6429	6091	6145
自动化类	6356	5917	5899
仪器类	6323	5984	5856
管理科学与工程类	6104	5701	5625
电气类	6068	5619	5489
能源动力类	6026	5597	5424
测绘类	6008	5617	5515
机械类	5972	5536	5513
安全科学与工程类	5964	5679	5522
统计学类	5957	5597	5513
土木类	5931	5501	5324
交通运输类	5924	5664	5630
财政学类	5897	5568	5543
电子商务类	5892	5829	5745

续表

本科专业类名称	2021 届	2020 届	2019 届
金融学类	5872	5587	5638
建筑类	5854	5494	5360
材料类	5843	5371	5277
物流管理与工程类	5839	5450	5435
数学类	5758	5632	5576
经济学类	5751	5451	5455
化工与制药类	5744	5364	5226
新闻传播学类	5724	5498	5443
工商管理类	5633	5305	5268
矿业类	5598	5161	5083
轻工类	5491	5350	5396
设计学类	5482	5166	5137
物理学类	5477	5203	5182
生物工程类	5477	5210	5117
经济与贸易类	5460	5378	5332
外国语言文学类	5438	5238	5336
化学类	5408	5124	5059
药学类	5405	5125	5090
环境科学与工程类	5403	5015	4878
戏剧与影视学类	5400	5069	5028
地理科学类	5330	5125	5063
音乐与舞蹈学类	5240	5216	5303
公共管理类	5217	5073	5085
生物科学类	5210	5071	5094
护理学类	5209	5164	5235
中药学类	5195	4972	4959
社会学类	5188	4868	4811
心理学类	5185	4896	4906
食品科学与工程类	5159	4732	4752
旅游管理类	5149	4983	5002
体育学类	5127	5107	5189
法学类	5125	4895	4926

续表

本科专业类名称	2021届	2020届	2019届
植物生产类	5120	4757	4693
公共卫生与预防医学类	5110	5004	5054
中国语言文学类	5103	5025	5050
医学技术类	5069	4865	4848
美术学类	4912	4859	4927
临床医学类	4908	4743	4759
历史学类	4848	4584	4575
口腔医学类	4829	4629	4712
马克思主义理论类	4754	4641	4684
教育学类	4551	4460	4390
中医学类	4271	4047	4125
全国本科	5833	5471	5440

注：个别专业类因为样本较少，没有包括在内。

资料来源：麦可思－中国2019~2021届大学毕业生培养质量跟踪评价。

表4-5　2021届本科毕业生半年后月收入增长最快的前十位专业类（与2019届对比）

单位：%，元

本科专业类名称	增长率	2021届	2019届
土木类	11.4	5931	5324
能源动力类	11.1	6026	5424
环境科学与工程类	10.8	5403	4878
材料类	10.7	5843	5277
电气类	10.5	6068	5489
矿业类	10.1	5598	5083
化工与制药类	9.9	5744	5226
建筑类	9.2	5854	5360
植物生产类	9.1	5120	4693
测绘类	8.9	6008	5515
全国本科	7.2	5833	5440

注：月收入的"增长率"=（2021届毕业生的平均月收入－2019届毕业生的平均月收入）/2019届毕业生的平均月收入。月收入增长的幅度可能会受到基数的影响。毕业生规模过小的专业类不包括在此排序中。

资料来源：麦可思－中国2019届、2021届大学毕业生培养质量跟踪评价。

表4-6　2021届本科毕业生半年后月收入增长最慢的前十位专业类（与2019届对比）

单位：%，元

本科专业类名称	增长率	2021届	2019届
体育学类	−1.2	5127	5189
音乐与舞蹈学类	−1.2	5240	5303
护理学类	−0.5	5209	5235
美术学类	−0.3	4912	4927
计算机类	0.4	6886	6858
中国语言文学类	1.0	5103	5050
公共卫生与预防医学类	1.1	5110	5054
马克思主义理论类	1.5	4754	4684
轻工类	1.8	5491	5396
外国语言文学类	1.9	5438	5336
全国本科	7.2	5833	5440

注：毕业生规模过小的专业类不包括在此排序中。

资料来源：麦可思－中国2019届、2021届大学毕业生培养质量跟踪评价。

从毕业三年后和五年后来看，计算机类、电子信息类专业月收入持续位列前两位，其中毕业五年后月收入分别达到13953元、12566元。此外，与自身毕业时初始月收入相比，能源动力类、建筑类、管理科学与工程类、土木类、经济与贸易类专业毕业生毕业五年后的月收入涨幅较高，均在160%及以上（见表4-7、表4-8）。

表4-7　2018届本科主要专业类毕业生毕业三年后的月收入与涨幅

单位：元，%

本科专业类名称	毕业三年后的月收入	毕业半年后的月收入	月收入涨幅
计算机类	10995	6488	69
电子信息类	10059	5875	71
自动化类	9663	5621	72
管理科学与工程类	9659	5271	83

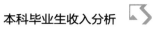

本科专业类名称	毕业三年后的月收入	毕业半年后的月收入	月收入涨幅
建筑类	9433	4968	90
电子商务类	9355	5368	74
交通运输类	9321	5210	79
金融学类	9250	5401	71
电气类	9064	5125	77
土木类	8875	4906	81
机械类	8717	5142	70
能源动力类	8653	5034	72
材料类	8580	4973	73
新闻传播学类	8580	5045	70
经济与贸易类	8571	4942	73
物流管理与工程类	8570	5121	67
设计学类	8467	4942	71
经济学类	8405	5167	63
数学类	8333	5209	60
环境科学与工程类	8308	4720	76
戏剧与影视学类	8297	4846	71
医学技术类	8139	4614	76
法学类	8053	4574	76
工商管理类	8012	4891	64
护理学类	8007	4792	67
地理科学类	7862	4717	67
药学类	7752	4751	63
食品科学与工程类	7677	4645	65
外国语言文学类	7664	5087	51
化工与制药类	7658	4919	56
物理学类	7587	4912	54
临床医学类	7544	4392	72
公共管理类	7511	4779	57
生物科学类	7488	4770	57

续表

本科专业类名称	毕业三年后的月收入	毕业半年后的月收入	月收入涨幅
旅游管理类	7457	4629	61
美术学类	7362	4602	60
体育学类	7351	5019	46
化学类	7209	4668	54
音乐与舞蹈学类	6820	4850	41
中国语言文学类	6721	4732	42
教育学类	6663	4229	58
全国本科	8645	5135	68

注：个别专业类因为样本较少，没有包括在内。

资料来源：麦可思－中国2018届大学毕业生三年后职业发展跟踪评价，2018届大学毕业生培养质量跟踪评价。

表4-8　2016届本科主要专业类毕业生毕业五年后的月收入与涨幅

单位：元，%

本科专业类名称	毕业五年后的月收入	毕业半年后的月收入	月收入涨幅
计算机类	13953	5606	149
电子信息类	12566	5092	147
建筑类	12346	4537	172
能源动力类	12026	4322	178
自动化类	11742	4847	142
管理科学与工程类	11593	4397	164
交通运输类	11375	4560	149
经济学类	11339	4457	154
经济与贸易类	11155	4285	160
电气类	11138	4401	153
仪器类	11125	4647	139
金融学类	11051	4621	139
土木类	11042	4184	164
机械类	11001	4290	156

续表

本科专业类名称	毕业五年后的月收入	毕业半年后的月收入	月收入涨幅
材料类	10605	4328	145
工商管理类	10168	4121	147
环境科学与工程类	10111	4085	148
设计学类	10082	4459	126
法学类	10029	4003	151
戏剧与影视学类	9976	4293	132
新闻传播学类	9846	4407	123
数学类	9787	4627	112
公共管理类	9609	4248	126
旅游管理类	9570	3905	145
药学类	9500	3923	142
化工与制药类	9384	4128	127
临床医学类	9371	3715	152
护理学类	9359	3858	143
矿业类	9149	4347	110
物理学类	9101	4411	106
外国语言文学类	8976	4271	110
化学类	8937	3947	126
食品科学与工程类	8761	4114	113
体育学类	8709	4190	108
美术学类	8535	4028	112
生物科学类	8468	4116	106
地理科学类	8311	4063	105
教育学类	8023	3792	112
音乐与舞蹈学类	8008	4086	96
中国语言文学类	7683	4088	88
全国本科	10436	4376	138

注：个别专业类因为样本较少，没有包括在内。

资料来源：麦可思－中国2016届大学毕业生五年后职业发展跟踪评价，2016届大学毕业生培养质量跟踪评价。

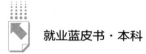

与信息技术、工业互联网相关的专业薪资优势明显，2021届本科专业毕业半年后月收入 50 强中，信息安全、软件工程、信息工程、计算机科学与技术、网络工程位列前五（见表 4-9）。

表 4-9　2021 届本科生毕业半年后月收入排前 50 位的主要专业	
	单位：元
本科专业名称	毕业半年后的月收入
信息安全	7439
软件工程	7205
信息工程	6871
计算机科学与技术	6828
网络工程	6796
物联网工程	6697
电子科学与技术	6561
微电子科学与工程	6420
信息管理与信息系统	6420
自动化	6375
电子信息工程	6365
数字媒体技术	6358
测控技术与仪器	6323
电子信息科学与技术	6316
电气工程及其自动化	6289
建筑学	6274
通信工程	6222
房地产开发与管理	6183
信息与计算科学	6180
机械工程	6163
金融学	6137
光电信息科学与工程	6126
工业工程	6114
能源与动力工程	6112

续表

本科专业名称	毕业半年后的月收入
交通运输	6091
统计学	6063
生物医学工程	6062
测绘工程	6039
过程装备与控制工程	6006
建筑电气与智能化	5989
数字媒体艺术	5970
机械电子工程	5966
安全工程	5964
税收学	5963
材料成型及控制工程	5958
产品设计	5953
机械设计制造及其自动化	5940
土木工程	5932
国际商务	5925
电子商务	5915
金融工程	5908
工业设计	5896
交通工程	5885
水利水电工程	5880
市场营销	5877
材料科学与工程	5869
物流管理	5865
应用物理学	5859
经济统计学	5849
表演	5844
全国本科	5833

注：毕业生规模过小的专业不包括在此排序中。

资料来源：麦可思－中国 2021 届大学毕业生培养质量跟踪评价。

三 就业地收入分析

不同区域的薪资水平差异明显，泛长三角、泛珠三角地区整体经济发达程度较高，应届本科毕业生在泛长三角和泛珠三角地区的薪资水平始终保持领先，毕业五年后薪资涨幅均较高。具体来看，2021届在泛长三角和泛珠三角地区就业的本科毕业生月收入分别为6484元、6431元，且毕业三年后、五年后月收入和涨幅也相对较高（见表4-10、表4-11、表4-12）。

泛长三角和泛珠三角地区是本科毕业生求学和就业流入人数最多的地区，其经济快速发展也是受益于受过高等教育人才的流入。

表4-10　2019~2021届本科生毕业半年后在各经济区域就业的月收入变化趋势

单位：元

经济区域	2021届	2020届	2019届
泛长江三角洲区域	6484	6105	6088
泛珠江三角洲区域	6431	6067	6046
泛渤海湾区域	6169	5848	5826
西南区域	5372	5073	5026
陕甘宁青区域	5172	4836	4785
中部区域	5094	4809	4779
东北区域	4713	4494	4481
全国本科	5833	5471	5440

注：西部生态区域因为样本较少，没有包括在内。

资料来源：麦可思-中国2019~2021届大学毕业生培养质量跟踪评价。

表4-11　2018届本科生毕业三年后在各经济区域就业的月收入与涨幅

单位：元，%

经济区域	毕业三年后的月收入	毕业半年后的月收入	月收入涨幅
泛珠江三角洲区域	9496	5640	68
泛长江三角洲区域	9478	5633	68
泛渤海湾区域	8561	5483	56

续表

经济区域	毕业三年后的月收入	毕业半年后的月收入	月收入涨幅
西南区域	8043	4711	71
陕甘宁青区域	7203	4554	58
中部区域	7100	4640	53
东北区域	6516	4229	54
全国本科	8645	5135	68

注：西部生态区域因为样本较少，没有包括在内。
资料来源：麦可思－中国 2018 届大学毕业生三年后职业发展跟踪评价，2018 届大学毕业生培养质量跟踪评价。

表 4-12　2016 届本科生毕业五年后在各经济区域就业的月收入与涨幅
（与 2016 届毕业半年后、毕业三年后对比）

单位：元，%

经济区域	2016 届五年后	2016 届三年后	2016 届半年后	五年后月收入涨幅	三年后月收入涨幅
泛珠江三角洲区域	12192	8862	4676	161	90
泛长江三角洲区域	12102	8634	4570	165	89
泛渤海湾区域	11402	8145	4569	150	78
西南区域	9635	7392	4046	138	83
中部区域	8809	6737	4132	113	63
陕甘宁青区域	8288	6591	3843	116	72
东北区域	8084	6321	3647	122	73
全国本科	10436	7881	4376	138	80

注：西部生态区域因为样本较少，没有包括在内。
资料来源：麦可思－中国 2016 届大学毕业生五年后职业发展跟踪评价，2016 届大学毕业生三年后职业发展跟踪评价，2016 届大学毕业生培养质量跟踪评价。

　　新一线城市发展潜力进一步释放。从近五年应届本科毕业生在一线城市、新一线城市就业的月收入来看，一线城市的月收入水平在 2021 届为 7332 元，相比 2017 届增长 23%；新一线城市的月收入水平在 2021 届为 6048 元，相比 2017 届增长 30%，增速高于一线城市，在剔除住房成本后，新一线城市就业的本科毕业生购买力并不低于一线城市（见图 4-5）。

另外，从毕业生职场中期的月收入来看，毕业三年后在一线城市、新一线城市的薪资涨幅均在 70% 以上（见图 4-6）。毕业五年后，薪资涨幅进一步扩大，其中，一线城市月收入达到 14814 元，与同届毕业时相比薪资涨幅达到 172%；新一线城市月收入达到 11277 元，涨幅达到 167%（见图 4-7），高于全国本科平均水平（毕业五年后涨幅 138%）。新一线城市不断培育和发展自身的优势产业，其对人才的吸引力在持续增强，其薪资水平也将进一步提升。

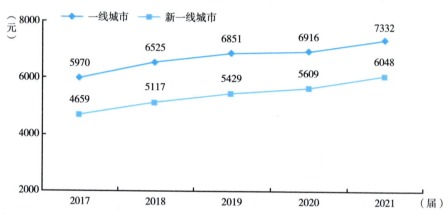

图 4-5　2017~2021 届本科生毕业半年后在一线城市、新一线城市就业的月收入变化趋势

资料来源：麦可思－中国 2017~2021 届大学毕业生培养质量跟踪评价。

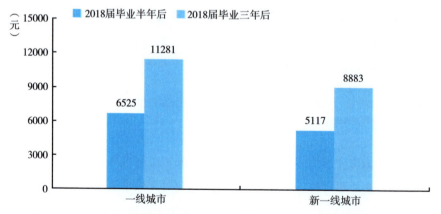

图 4-6　2018 届本科生毕业三年后在一线城市、新一线城市就业的月收入

资料来源：麦可思－中国 2018 届大学毕业生三年后职业发展跟踪评价，2018 届大学毕业生培养质量跟踪评价。

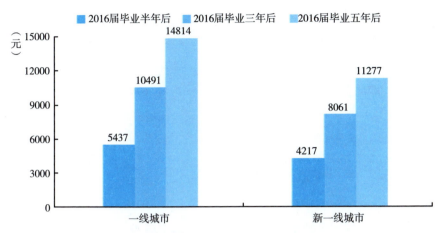

图4-7　2016届本科生毕业五年后在一线城市、新一线城市就业的月收入（与2016届毕业半年后、毕业三年后对比）

资料来源：麦可思－中国2016届大学毕业生五年后职业发展跟踪评价，2016届大学毕业生三年后职业发展跟踪评价，2016届大学毕业生培养质量跟踪评价。

四　行业、职业收入分析

信息传输、软件和信息技术服务业月收入持续领跑行业薪酬榜，在2021届达到6781元。需要注意的是，受互联网产业岗位结构优化的影响，信息传输、软件和信息技术服务业的月收入增长放缓。另外，电子电气设备制造业（含计算机、通信、家电等）的薪资水平也相对较高，位列第二，2021届达到6508元（见表4-13）。

表4-13　2019~2021届本科生毕业半年后在主要行业类的月收入		
		单位：元
本科行业类名称	2021届	2020届	2019届
信息传输、软件和信息技术服务业	6781	6475	6570
电子电气设备制造业（含计算机、通信、家电等）	6508	6021	6033
运输业	6351	6317	6218
金融业	6100	5769	5799

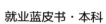
续表

本科行业类名称	2021届	2020届	2019届
交通运输设备制造业	5971	5531	5455
电力、热力、燃气及水生产和供应业	5882	5502	5409
建筑业	5844	5400	5305
医药及设备制造业	5791	5346	5239
文化、体育和娱乐业	5776	5500	5596
零售业	5638	5331	5209
房地产开发及租赁业	5618	5388	5395
其他制造业	5606	5246	5241
各类专业设计与咨询服务业	5552	5284	5386
机械设备制造业	5521	5061	4956
采矿业	5488	5058	4965
邮递、物流及仓储业	5484	5224	5178
化学品、化工、塑胶制造业	5445	5018	4923
食品、烟草、加工业	5387	4965	4897
行政、商业和环境保护辅助业	5295	4922	4852
家具制造业	5249	4959	5062
初级金属制造业	5218	4788	4725
批发业	5156	5019	5009
医疗和社会护理服务业	5113	4955	4969
农、林、牧、渔业	5089	4764	4636
居民服务、修理和其他服务业	5088	4765	4831
纺织、服装、皮革制造业	5081	4700	4628
教育业	5062	5032	5007
政府及公共管理	5049	4972	4944
玻璃黏土、石灰水泥制品业	4948	4681	4587
住宿和餐饮业	4849	4640	4758
全国本科	5833	5471	5440

注：个别行业类因为样本较少，没有包括在内。

资料来源：麦可思－中国2019~2021届大学毕业生培养质量跟踪评价。

从月收入增长最快和最慢的五大行业类来看，机械、化工、医药、初级金属制造业以及采矿业等刚需产业月收入保持稳步增长，与 2019 届相比增长率均在 10% 以上；"双减"政策影响下，教育业薪资增速放缓，与 2019 届相比增长率仅为 1.1%（见表 4-14、表 4-15）。

表 4-14　2021 届本科生毕业半年后月收入增长最快的前五位行业类
（与 2019 届对比）

单位：%，元

本科行业类名称	增长率	2021 届	2019 届
机械设备制造业	11.4	5521	4956
化学品、化工、塑胶制造业	10.6	5445	4923
医药及设备制造业	10.5	5791	5239
采矿业	10.5	5488	4965
初级金属制造业	10.4	5218	4725
全国本科	7.2	5833	5440

注：毕业生规模过小的行业类不包括在此排序中。

资料来源：麦可思－中国 2019 届、2021 届大学毕业生培养质量跟踪评价。

表 4-15　2021 届本科生毕业半年后月收入增长最慢的前五位行业类
（与 2019 届对比）

单位：%，元

本科行业类名称	增长率	2021 届	2019 届
教育业	1.1	5062	5007
住宿和餐饮业	1.9	4849	4758
政府及公共管理	2.1	5049	4944
运输业	2.1	6351	6218
医疗和社会护理服务业	2.9	5113	4969
全国本科	7.2	5833	5440

注：毕业生规模过小的行业类不包括在此排序中。

资料来源：麦可思－中国 2019 届、2021 届大学毕业生培养质量跟踪评价。

从毕业生职场中期的月收入来看，信息传输、软件和信息技术服务业、电子电气设备制造业薪资排名均靠前（见表 4-16）。从月收入涨幅来看，交通运输设备制造业、医药及设备制造业、零售业五年后涨幅（分别为180%、179%、176%）较高（见表4-17）。

表4-16　2018届本科生毕业三年后在主要行业类的月收入与涨幅 单位：元，%			
本科行业类名称	毕业三年后的月收入	毕业半年后的月收入	月收入涨幅
信息传输、软件和信息技术服务业	10691	6241	71
电子电气设备制造业（含计算机、通信、家电等）	9872	5736	72
金融业	9420	5678	66
各类专业设计与咨询服务业	9331	5201	79
零售业	9037	5090	78
文化、体育和娱乐业	8955	5401	66
运输业	8761	6047	45
建筑业	8727	4982	75
房地产开发及租赁业	8621	5099	69
交通运输设备制造业	8539	5003	71
医药及设备制造业	8507	4811	77
电力、热力、燃气及水生产和供应业	8153	5114	59
批发业	8134	4866	67
食品、烟草、加工业	7991	4653	72
机械设备制造业	7870	4568	72
邮递、物流及仓储业	7851	5031	56
其他制造业	7680	4976	54
化学品、化工、塑胶制造业	7668	4447	72
住宿和餐饮业	7562	4648	63
农、林、牧、渔业	7551	4304	75
居民服务、修理和其他服务业	7507	4708	59
医疗和社会护理服务业	7498	4703	59
采矿业	7383	4502	64
纺织、服装、皮革制造业	7367	4318	71

			续表
本科行业类名称	毕业三年后的月收入	毕业半年后的月收入	月收入涨幅
行政、商业和环境保护辅助业	7228	4717	53
教育业	6984	4814	45
政府及公共管理	6827	4741	44
全国本科	8645	5135	68

注：个别行业类因为样本较少，没有包括在内。

资料来源：麦可思－中国2018届大学毕业生三年后职业发展跟踪评价，2018届大学毕业生培养质量跟踪评价。

表4-17　2016届本科生毕业五年后在主要行业类的月收入与涨幅

单位：元，%

本科行业类名称	毕业五年后的月收入	毕业半年后的月收入	月收入涨幅
信息传输、软件和信息技术服务业	13921	5367	159
电子电气设备制造业（含计算机、通信、家电等）	12844	4773	169
交通运输设备制造业	11679	4175	180
金融业	11663	4799	143
各类专业设计与咨询服务业	11625	4415	163
零售业	11589	4206	176
医药及设备制造业	11543	4140	179
房地产开发及租赁业	11228	4679	140
运输业	11126	5036	121
批发业	10843	4182	159
建筑业	10681	4180	156
电力、热力、燃气及水生产和供应业	10636	4390	142
文化、体育和娱乐业	10539	4604	129
其他制造业	10192	4264	139
纺织、服装、皮革制造业	10110	3842	163
机械设备制造业	10040	3857	160

续表

本科行业类名称	毕业五年后的月收入	毕业半年后的月收入	月收入涨幅
邮递、物流及仓储业	9933	4093	143
化学品、化工、塑胶制造业	9628	3924	145
住宿和餐饮业	9536	3990	139
食品、烟草、加工业	9304	4173	123
医疗和社会护理服务业	9260	3937	135
居民服务、修理和其他服务业	9076	4056	124
农、林、牧、渔业	8899	3769	136
采矿业	8735	4185	109
行政、商业和环境保护辅助业	8400	3942	113
教育业	7912	3924	102
政府及公共管理	7855	3982	97
全国本科	10436	4376	138

注：个别行业类因为样本较少，没有包括在内。

资料来源：麦可思－中国2016届大学毕业生五年后职业发展跟踪评价，2016届大学毕业生培养质量跟踪评价。

月收入排名前十的行业中，包括人工智能、5G、集成电路等在内的数字产业位列前茅，其中软件开发业薪资水平位列榜首，达到7245元。此外，中国人民银行、保监会和证监会的薪资水平也较高，位列第八（见图4-8）。

计算机与数据处理、互联网开发及应用类职业月收入持续领先，位列前两位，2021届月收入分别达到7005元、6885元。需要注意的是，受互联网领域业务优化调整的影响，上述两类岗位的薪资增速放缓（见表4-18）。

从月收入增长最快和最慢的十位职业类来看，生物 / 化工、农 / 林 / 牧 / 渔类、机械 / 仪器仪表类等职业月收入增长较快，与2019届相比增长率均在10%以上；翻译、交通运输 / 邮电类职业月收入涨幅最小，均为0.5%（见表4-19、表4-20）。

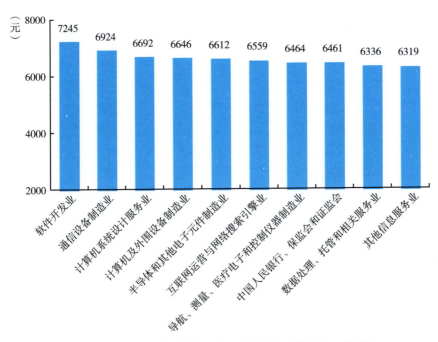

图 4-8　2021届本科生毕业半年后月收入最高的前十位行业

注：毕业生规模过小的行业不包括在此排序中。

资料来源：麦可思－中国2021届大学毕业生培养质量跟踪评价。

表 4-18　2019~2021届本科生毕业半年后从事的主要职业类的月收入

单位：元

本科职业类名称	2021届	2020届	2019届
计算机与数据处理	7005	6672	6650
互联网开发及应用	6885	6634	6742
交通运输／邮电	6441	6410	6408
经营管理	6440	6078	6081
电气／电子（不包括计算机）	6293	5811	5767
生产／运营	6137	5710	5629
金融（银行／基金／证券／期货／理财）	6033	5640	5666
表演艺术／影视	6005	5696	5734
销售	5926	5647	5763
建筑工程	5881	5422	5316

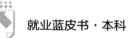

续表

本科职业类名称	2021 届	2020 届	2019 届
工业安全与质量	5873	5503	5471
电力 / 能源	5865	5512	5455
房地产经营	5806	5536	5583
翻译	5746	5641	5719
媒体 / 出版	5737	5419	5351
机械 / 仪器仪表	5717	5223	5116
物流 / 采购	5708	5371	5318
机动车机械 / 电子	5588	5179	5117
研究人员	5541	5093	5074
测绘	5479	5063	4981
人力资源	5462	5115	5119
生物 / 化工	5407	4922	4825
保险	5366	5257	5273
公安 / 检察 / 法院 / 经济执法	5363	5066	5029
文化 / 体育	5301	5131	5202
矿山 / 石油	5279	4809	4779
美术 / 设计 / 创意	5277	4995	4977
财务 / 审计 / 税务 / 统计	5192	4997	4960
酒店 / 旅游 / 会展	5159	4912	4924
律师 / 律政调查员	5132	4855	4847
医疗保健 / 紧急救助	5117	4925	4974
职业 / 教育培训	5099	5079	5051
农 / 林 / 牧 / 渔类	5043	4591	4507
中小学教育	5034	4795	4757
服装 / 纺织 / 皮革	5031	4670	4635
餐饮 / 娱乐	5022	4858	4909
行政 / 后勤	4968	4691	4680
环境保护	4915	4682	4606
中等职业教育	4779	4645	—
社区工作者	4459	4415	4396

续表

本科职业类名称	2021 届	2020 届	2019 届
幼儿与学前教育	4424	4401	4314
全国本科	5833	5471	5440

注 1："中等职业教育"为 2020 届新增职业类，因此无往届数据。

注 2：个别职业类因为样本较少，没有包括在内。

资料来源：麦可思 – 中国 2019~2021 届大学毕业生培养质量跟踪评价。

表 4-19　2021 届本科生毕业半年后月收入增长最快的前十位职业类
（与 2019 届对比）

单位：%，元

本科职业类名称	增长率	2021 届	2019 届
生物 / 化工	12.1	5407	4825
农 / 林 / 牧 / 渔类	11.9	5043	4507
机械 / 仪器仪表	11.7	5717	5116
建筑工程	10.6	5881	5316
矿山 / 石油	10.5	5279	4779
测绘	10.0	5479	4981
机动车机械 / 电子	9.2	5588	5117
研究人员	9.2	5541	5074
电气 / 电子（不包括计算机）	9.1	6293	5767
生产 / 运营	9.0	6137	5629
全国本科	7.2	5833	5440

注：毕业生规模过小的职业类不包括在此排序中。

资料来源：麦可思 – 中国 2019 届、2021 届大学毕业生培养质量跟踪评价。

表 4-20　2021 届本科生毕业半年后月收入增长最慢的前十位职业类
（与 2019 届对比）

单位：%，元

本科职业类名称	增长率	2021 届	2019 届
翻译	0.5	5746	5719
交通运输 / 邮电	0.5	6441	6408
职业 / 教育培训	1.0	5099	5051

续表

本科职业类名称	增长率	2021 届	2019 届
社区工作者	1.4	4459	4396
保险	1.8	5366	5273
文化/体育	1.9	5301	5202
互联网开发及应用	2.1	6885	6742
餐饮/娱乐	2.3	5022	4909
幼儿与学前教育	2.5	4424	4314
销售	2.8	5926	5763
全国本科	7.2	5833	5440

注：毕业生规模过小的职业类不包括在此排序中。
资料来源：麦可思－中国 2019 届、2021 届大学毕业生培养质量跟踪评价。

互联网开发及应用、计算机与数据处理类职业毕业中期的月收入持续领先于其他职业，毕业五年后的薪资在 15000 元左右，不管是在毕业初期还是三、五年后，互联网、计算机相关职业都表现出明显的薪资优势。另外，律师/律政调查员月收入涨幅最高，毕业五年后月收入涨幅达到 215%。律师相关职业的发展路径一般从律师助理做起，起薪相对较低，随着工作年限的增长和经验的积累，毕业五年后表现出较为明显的职场发展后劲和竞争优势（见表 4-21、表 4-22）。

表 4-21　2018 届本科生毕业三年后在主要职业类的月收入与涨幅

单位：元，%

本科职业类名称	毕业三年后的月收入	毕业半年后的月收入	月收入涨幅
互联网开发及应用	11449	6470	77
计算机与数据处理	11407	6457	77
经营管理	9840	5899	67
销售	9774	5474	79

续表

本科职业类名称	毕业三年后的月收入	毕业半年后的月收入	月收入涨幅
电气/电子（不包括计算机）	9755	5502	77
表演艺术/影视	9229	5476	69
金融（银行/基金/证券/期货/理财）	9058	5409	67
建筑工程	8857	4849	83
律师/律政调查员	8677	4445	95
美术/设计/创意	8665	4847	79
房地产经营	8664	5446	59
交通运输/邮电	8604	6099	41
机动车机械/电子	8483	4736	79
电力/能源	8450	5158	64
媒体/出版	8450	5223	62
生产/运营	8435	5439	55
研究人员	8260	4908	68
工业安全与质量	8035	5008	60
职业/教育培训	7987	4804	66
机械/仪器仪表	7914	4708	68
物流/采购	7788	5224	49
人力资源	7741	4731	64
医疗保健/紧急救助	7705	4648	66
财务/审计/税务/统计	7673	4779	61
农/林/牧/渔类	7487	4307	74
环境保护	7401	4438	67
保险	7284	5114	42
公安/检察/法院/经济执法	7253	4773	52
生物/化工	7061	4454	59
中小学教育	6662	4598	45
行政/后勤	6537	4505	45
幼儿与学前教育	6189	4111	51
全国本科	8645	5135	68

注：个别职业类因为样本较少，没有包括在内。

资料来源：麦可思－中国2018届大学毕业生三年后职业发展跟踪评价，2018届大学毕业生培养质量跟踪评价。

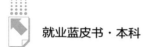

表4-22　2016届本科生毕业五年后在主要职业类的月收入与涨幅

单位：元，%

本科职业类名称	毕业五年后的月收入	毕业半年后的月收入	月收入涨幅
互联网开发及应用	15253	5679	169
计算机与数据处理	14625	5636	159
经营管理	13670	4971	175
销售	12684	4505	182
律师/律政调查员	12116	3844	215
电气/电子（不包括计算机）	11922	4597	159
房地产经营	11783	5057	133
生产/运营	11720	4654	152
金融（银行/基金/证券/期货/理财）	11508	4789	140
建筑工程	11222	4172	169
美术/设计/创意	11045	4153	166
交通运输/邮电	10999	4978	121
机动车机械/电子	10707	4112	160
电力/能源	10396	4368	138
媒体/出版	10333	4397	135
研究人员	10268	4044	154
物流/采购	10235	4243	141
机械/仪器仪表	10158	3968	156
人力资源	9378	4095	129
环境保护	9362	3759	149
医疗保健/紧急救助	9207	3838	140
财务/审计/税务/统计	9178	3960	132
生物/化工	9084	3743	143
农/林/牧/渔类	8716	3724	134
职业/教育培训	8503	4092	108
保险	8123	4096	98
公安/检察/法院/经济执法	7946	4342	83
行政/后勤	7338	3682	99

续表

本科职业类名称	毕业五年后的月收入	毕业半年后的月收入	月收入涨幅
中小学教育	7152	3886	84
幼儿与学前教育	6593	3504	88
全国本科	10436	4376	138

注：个别职业类因为样本较少，没有包括在内。

资料来源：麦可思－中国 2016 届大学毕业生五年后职业发展跟踪评价，2016 届大学毕业生培养质量跟踪评价。

收入排名靠前的职业主要来自计算机、互联网、大数据等数字化岗位，包括互联网开发人员、游戏策划人员、计算机软件应用工程技术人员、计算机程序员、大数据工程技术人员、网络设计人员、计算机系统软件工程技术人员等。其中互联网开发人员月收入最高，达到 7587 元（见表 4-23）。

表 4-23　2021 届本科生毕业半年后月收入最高的前 50 位职业

单位：元

职业名称	毕业半年后的月收入
互联网开发人员	7587
游戏策划人员	7520
计算机软件应用工程技术人员	7363
计算机程序员	7319
大数据工程技术人员	7309
网络设计人员	7262
计算机系统软件工程技术人员	7197
信息安全分析人员	7077
销售工程师	6972
市场经理	6945
项目经理	6801
销售代表（医疗用品）	6791
软件质量保证和测试工程技术人员	6755
银行信贷员	6588

续表

职业名称	毕业半年后的月收入
运营经理	6456
销售经理	6434
半导体加工人员	6423
计算机技术支持人员	6409
计算机网络管理人员	6374
电子工程技术人员	6280
建筑师（非园林和水上景观）	6272
信息支持与服务人员	6203
电路绘图人员	6112
一线销售经理（零售）	6099
电气工程技术人员	6095
个人理财顾问	6075
工业工程技术人员	6004
发电站、变电站和中继站的电子和电气修理技术人员	5973
税务专员	5957
通信设备安装维护技术人员	5945
电气技术人员	5942
各类销售服务人员	5938
工业设计师	5924
土木工程技术人员	5922
施工工程技术人员	5920
广告策划人员	5914
金融服务销售商	5912
网络管理人员	5908
销售代表（批发和制造业，不包括科技类产品）	5906
建筑技术人员	5902
银行柜员	5898
市场专员	5897
材料工程技术人员	5892
在线教育讲师	5887

续表

职业名称	毕业半年后的月收入
电子商务专员	5876
影视动画制作人员	5869
电子和电气设备装配技术人员	5863
电厂操作人员	5862
安全工程技术人员	5855
销售代表（机械设备和零件）	5843
全国本科	5833

注：毕业生规模过小的职业不包括在此排序中。

资料来源：麦可思－中国2021届大学毕业生培养质量跟踪评价。

五　用人单位收入分析

中外合资／外资／独资企业薪资持续最高，民营企业／个体薪资涨幅最大。毕业初期，中外合资／外资／独资企业薪资持续领先于其他类型企业，2021届月收入达到6401元（见图4-9）。

毕业生职场中期，在民营企业／个体发展潜力明显，薪资涨幅领先于其他类型企业。具体来看，毕业三年后，民营企业／个体薪资涨幅（83%）最大，薪资水平（9264元）超过9000元（见图4-10）。毕业五年后，民营企业／个体薪资涨幅（176%）依然保持最高，薪资水平（11838元）已接近中外合资／外资／独资企业（12199元）（见图4-11）。

毕业初期，企业规模越大薪资水平越高；毕业五年后，小微企业薪资涨幅与大企业接近，发展潜力有所显现。具体来看，3000人以上规模的用人单位薪资水平最高，2021届达到6613元；50人及以下规模用人单位的薪资水平（4886元）最低（见图4-12）。毕业五年后，3000人以上规模用人单位的薪资涨幅最大，达到153%，50人及以下规模的小微企业与其接近（薪资涨幅达到152%）（见图4-14）。

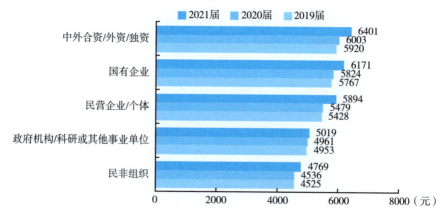

图 4-9　2019~2021 届本科生毕业半年后在各类型用人单位的月收入

资料来源：麦可思－中国 2019~2021 届大学毕业生培养质量跟踪评价。

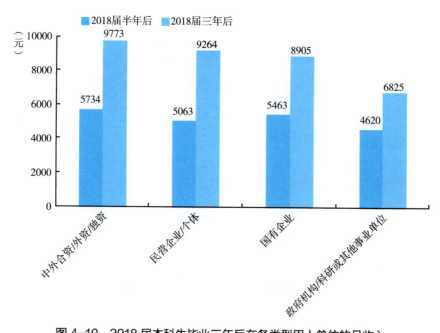

图 4-10　2018 届本科生毕业三年后在各类型用人单位的月收入

注：民非组织因为样本较少，没有包括在内。

资料来源：麦可思－中国 2018 届大学毕业生三年后职业发展跟踪评价，2018 届大学毕业生培养质量跟踪评价。

图 4-11　2016 届本科生毕业五年后在各类型用人单位的月收入

注：民非组织因为样本较少，没有包括在内。

资料来源：麦可思－中国 2016 届大学毕业生五年后职业发展跟踪评价，2016 届大学毕业生培养质量跟踪评价。

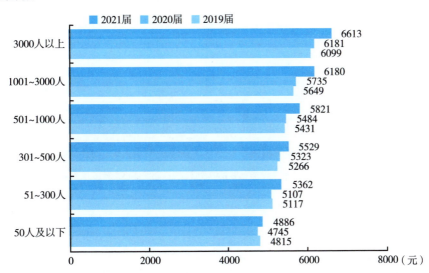

图 4-12　2019~2021 届本科生毕业半年后在各规模用人单位的月收入

资料来源：麦可思－中国 2019~2021 届大学毕业生培养质量跟踪评价。

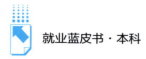

图 4-13　2018 届本科生毕业三年后在各规模用人单位的月收入

资料来源：麦可思－中国 2018 届大学毕业生三年后职业发展跟踪评价，2018 届大学毕业生培养质量跟踪评价。

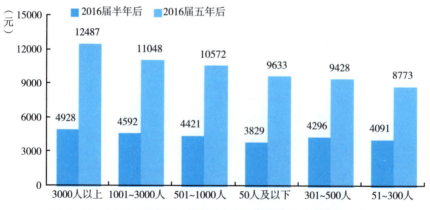

图 4-14　2016 届本科生毕业五年后在各规模用人单位的月收入

资料来源：麦可思－中国 2016 届大学毕业生五年后职业发展跟踪评价，2016 届大学毕业生培养质量跟踪评价。

B.5
本科毕业生就业满意度分析

摘 要： 就业满意度是毕业生基于工作内容、工作环境、薪资收入、晋升空间等相关因素的主观认识和情感体验，是衡量就业质量的重要指标。疫情以来，应届本科毕业生的就业满意度上升明显，政府及高校的就业服务对大学生就业起到了有效的帮扶作用，随着工作时间延长，毕业生就业满意度显著提升。其中，在新一线城市的就业满意度提升较多，毕业生从业幸福感增强。从不同就业领域来看，毕业生对体制内稳定的工作、新媒体文娱类行业、互联网或咨询高收入行业就业满意度较高。

关键词： 就业感受　就业满意度　新一线城市　本科生

一　总体就业满意度

疫情以来，应届本科毕业生的就业满意度上升明显。从近五年的数据来看，本科毕业生的就业满意度[①]从 2017 届至 2019 届一直维持在 68% 的水平，2020 届开始上升，到 2021 届达到 74%；从不同类型院校来看，"双一流"院校略高于地方本科院校（见图 5-1、见图 5-2）。

政府及高校的就业服务对大学生就业起到了有效的帮扶作用。2020 年疫情以来，国家发布多项政策扩大就业岗位供给，各大高校精准组织大学生线

---

① **就业满意度：** 由就业的毕业生对自己目前的就业现状进行主观判断，选项有"很满意""满意""不满意""很不满意""无法评估"五项。其中，选择"满意"和"很满意"的人属于对就业现状满意，选择"不满意"和"很不满意"的人属于对就业现状不满意。

上线下就业服务等活动。毕业生对母校就业指导服务满意度、对求职服务的有效性评价有明显提升，也促进了毕业生就业满意度的提升。

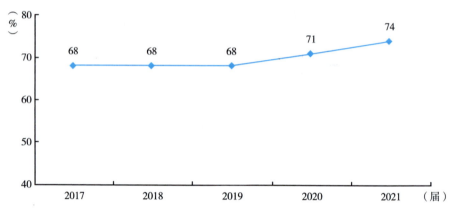

图5-1　2017~2021届本科生毕业半年后的就业满意度变化趋势

资料来源：麦可思－中国2017~2021届大学毕业生培养质量跟踪评价。

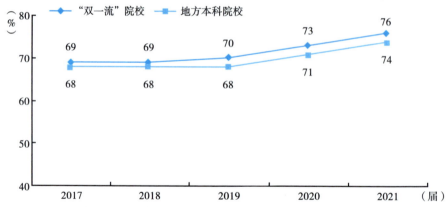

图5-2　2017~2021届各类本科院校毕业生毕业半年后的就业满意度变化趋势

资料来源：麦可思－中国2017~2021届大学毕业生培养质量跟踪评价。

随着工作时间的延长，毕业生就业满意度显著提升。从2016届本科毕业生来看，毕业五年后的就业满意度为76%，相比毕业半年后（66%）提高了10个百分点。从不同院校类型来看，"双一流"院校与地方本科院校毕业生毕业五年后的就业满意度基本无差异（见图5-3、图5-4）。

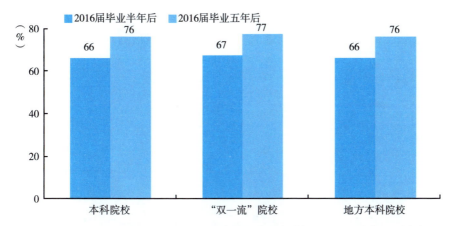

图 5-3　2016 届本科生毕业五年后的就业满意度（与 2016 届半年后对比）

资料来源：麦可思－中国 2016 届大学毕业生五年后职业发展跟踪评价，2016 届大学毕业生培养质量跟踪评价。

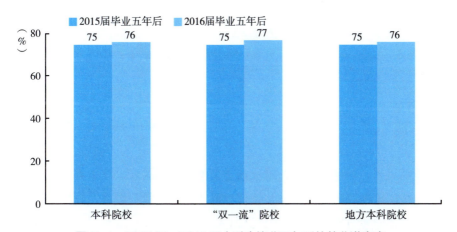

图 5-4　2015 届、2016 届本科生毕业五年后的就业满意度

资料来源：麦可思－中国 2015 届、2016 届大学毕业生五年后职业发展跟踪评价。

　　毕业生求职更注重薪资，其后是发展平台、工作强度等。从应届本科毕业生对就业现状不满意的原因来看，2021 届就业的本科毕业生中，有 69% 是因为收入低，49% 是因为发展空间不够，31% 是因为加班太多（见图 5-5）。

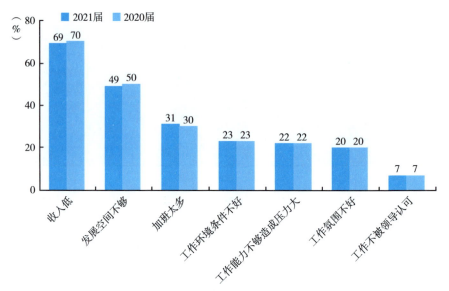

图5-5　2020届、2021届本科毕业生对就业现状不满意的原因

资料来源：麦可思－中国2020届、2021届大学毕业生培养质量跟踪评价。

二　各专业就业满意度

疫情以来，各学科门类的就业满意度均有明显提升，其中教育学就业满意度连续三年稳居第一，工学、管理学就业满意度提升最多。具体来看，教育学就业满意度连续三年（2019~2021届分别为71%、74%、76%）均最高，此外教育学2016届毕业五年后的就业满意度（81%）也排名第一（见表5-1、表5-2）。另外，工学、管理学就业满意度分别由2019届的67%、66%上升至2021届的74%、73%，提升最多，与此同时，工学与管理学的毕业去向落实率及月收入均相对较高，相对于其他学科就业难度偏低，在疫情下毕业生从业幸福感也相应提升。

表 5-1 2019~2021 届本科各学科门类毕业生毕业半年后的就业满意度

单位：%

本科学科门类名称	2021 届	2020 届	2019 届
教育学	76	74	71
医学	75	72	70
法学	74	73	70
艺术学	74	71	70
文学	74	71	68
工学	74	71	67
理学	73	72	70
管理学	73	69	66
经济学	72	68	66
农学	71	67	65
历史学	70	66	64
全国本科	74	71	68

注：个别学科门类因为样本较少，没有包括在内。

资料来源：麦可思 – 中国 2019~2021 届大学毕业生培养质量跟踪评价。

表 5-2 2016 届本科各学科门类毕业生毕业五年后的就业满意度（与 2015 届对比）

单位：%

本科学科门类名称	2016 届五年后	2015 届五年后
教育学	81	79
文学	79	79
艺术学	79	79
法学	78	77
理学	78	77
医学	76	75
农学	76	74
管理学	75	74
经济学	74	73
工学	74	72
全国本科	76	75

注：个别学科门类因为样本较少，没有包括在内。

资料来源：麦可思 – 中国 2015 届、2016 届大学毕业生五年后职业发展跟踪评价。

毕业半年后就业满意度排名靠前的专业多为计算机类、医护类以及艺术类等专业。具体来看，信息安全专业就业满意度持续位列榜首，动画专业次之，信息与计算科学、医学影像学、医学影像技术、广播电视编导、播音与主持艺术专业并列排在第三（见表5-3）。

毕业五年后，教育学类、音乐与舞蹈学类、中国语言文学类专业的就业满意度更高，均在80%以上（见表5-4）。

表5-3 2021届本科生毕业半年后就业满意度排前30位的主要专业

单位：%

本科专业名称	就业满意度
信息安全	81
动画	80
信息与计算科学	79
医学影像学	79
医学影像技术	79
广播电视编导	79
播音与主持艺术	79
软件工程	78
建筑学	78
小学教育	77
新闻学	77
信息工程	77
计算机科学与技术	77
网络工程	77
口腔医学	77
药学	77
学前教育	76
体育教育	76
运动训练	76
物理学	76
交通运输	76
会计学	76

本科专业名称	就业满意度
物流工程	76
舞蹈学	76
汉语言文学	75
数学与应用数学	75
电气工程及其自动化	75
微电子科学与工程	75
工程造价	75
视觉传达设计	75
全国本科	74

注：毕业生规模过小的专业不包括在此排序中。
资料来源：麦可思－中国2021届大学毕业生培养质量跟踪评价。

表5-4　2016届本科主要专业类毕业生毕业五年后的就业满意度

单位：%

本科专业类名称	就业满意度
教育学类	83
音乐与舞蹈学类	83
中国语言文学类	81
戏剧与影视学类	80
体育学类	80
数学类	80
法学类	80
美术学类	80
护理学类	79
新闻传播学类	79
外国语言文学类	79
历史学类	78
计算机类	78
地理科学类	77

续表

本科专业类名称	就业满意度
电子信息类	77
电气类	77
公共管理类	77
临床医学类	76
仪器类	76
物理学类	75
经济学类	75
旅游管理类	75
设计学类	75
化学类	75
经济与贸易类	75
工商管理类	74
管理科学与工程类	74
环境科学与工程类	74
药学类	74
生物科学类	73
食品科学与工程类	73
交通运输类	73
能源动力类	72
建筑类	72
自动化类	71
材料类	71
土木类	71
机械类	71
金融学类	70
化工与制药类	70
矿业类	70
全国本科	76

注：个别专业类因为样本较少，没有包括在内。

资料来源：麦可思－中国 2016 届大学毕业生五年后职业发展跟踪评价。

三　地区就业满意度

渤海湾地区就业满意度持续位列榜首，泛长三角地区位列其后。从不同地区的就业满意度来看，2021届毕业生在泛渤海湾地区的就业满意度为77%，其次是泛长三角地区（75%）。从近三年的变化趋势来看，2021届毕业生在各地区的就业满意度较往届均有不同程度的提升（见表5-5）。

就业满意度是由就业的毕业生对自己目前就业现状进行的主观判断，可能会受到地区经济发展水平、行业发展前景、工作环境及压力等多方面因素影响。

表5-5　2019~2021届本科生毕业半年后在各经济区域的就业满意度变化趋势

单位：%

经济区域	2021届	2020届	2019届
泛渤海湾区域	77	74	71
泛长江三角洲区域	75	73	70
东北区域	74	71	69
泛珠江三角洲区域	73	71	69
西南区域	73	71	68
中部区域	72	69	67
陕甘宁青区域	69	66	64
全国本科	74	71	68

注：西部生态区域因为样本较少，没有包括在内。
资料来源：麦可思－中国2019~2021届大学毕业生培养质量跟踪评价。

近年来，应届毕业生前往新一线城市的就业意愿不断增强（本科毕业生选择在新一线城市就业的比例从2017届的24%上升到2021届的27%），同时毕业生在新一线城市的就业满意度也持续提升。具体来看，毕业生在新一线城市的就业满意度由2017届的68%上升至2021届的74%，上升了6个百分点（见图5-6）。新一线城市不断发展，就业环境持续完善，毕业生从业幸福感也相应增强。

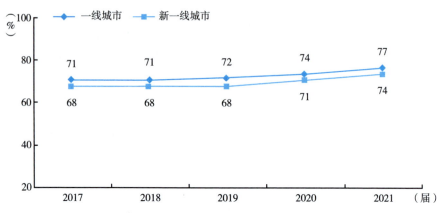

图5-6　2017~2021届本科生毕业半年后在一线城市、新一线城市的
就业满意度变化趋势

资料来源：麦可思－中国2017~2021届大学毕业生培养质量跟踪评价。

四　行业、职业就业满意度

从毕业初期和工作五年来看，毕业生就业满意度较高的行业特点体现为体制内稳定的工作、新媒体文娱类、互联网或咨询高收入行业；而传统制造类行业、采矿业、建筑业、餐饮业的就业满意度偏低，这也与职业特点和工作环境有一定的关系（见图5-7、图5-8、图5-9、图5-10）。

从毕业生从事的具体职业来看，与上文行业分析表现出的特点具有一致性，毕业生就业满意度较高的为公检法、律师、教育、交通、互联网及经营管理类岗位；而矿山／石油、机械／仪器仪表、建筑及服务类岗位的就业满意度偏低（见图5-11、图5-12、图5-13、图5-14）。

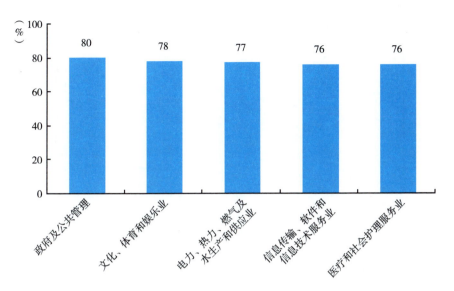

图 5-7　2021 届本科生毕业半年后就业满意度最高的前五位行业类

注：毕业生规模过小的行业类不包括在此排序中。

资料来源：麦可思 - 中国 2021 届大学毕业生培养质量跟踪评价。

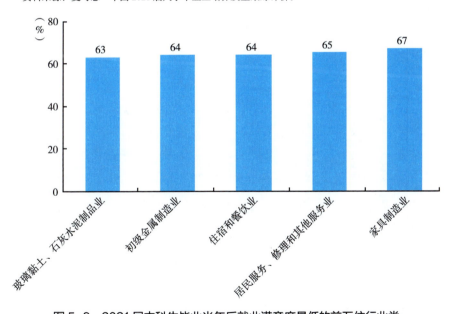

图 5-8　2021 届本科生毕业半年后就业满意度最低的前五位行业类

注：毕业生规模过小的行业类不包括在此排序中。

资料来源：麦可思 - 中国 2021 届大学毕业生培养质量跟踪评价。

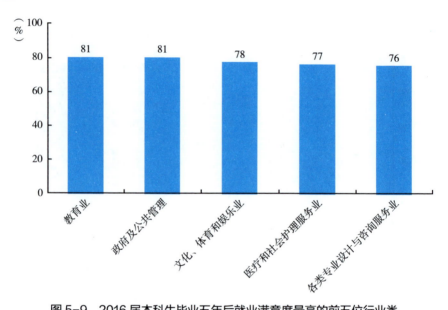

图 5-9　2016届本科生毕业五年后就业满意度最高的前五位行业类

注：毕业生规模过小的行业类不包括在此排序中。

资料来源：麦可思－中国2016届大学毕业生五年后职业发展跟踪评价。

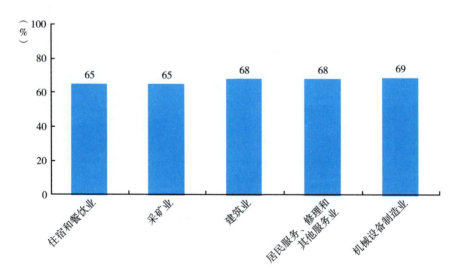

图 5-10　2016届本科生毕业五年后就业满意度最低的前五位行业类

注：毕业生规模过小的行业类不包括在此排序中。

资料来源：麦可思－中国2016届大学毕业生五年后职业发展跟踪评价。

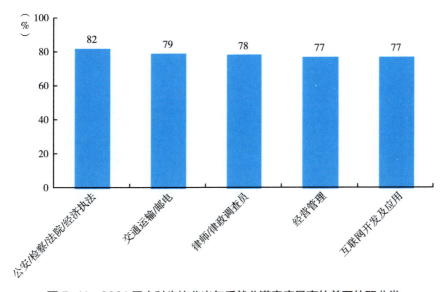

图 5-11　2021 届本科生毕业半年后就业满意度最高的前五位职业类

注：毕业生规模过小的职业类不包括在此排序中。

资料来源：麦可思－中国 2021 届大学毕业生培养质量跟踪评价。

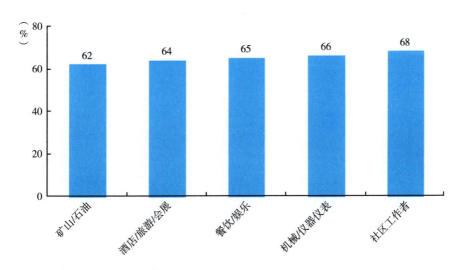

图 5-12　2021 届本科生毕业半年后就业满意度最低的前五位职业类

注：毕业生规模过小的职业类不包括在此排序中。

资料来源：麦可思－中国 2021 届大学毕业生培养质量跟踪评价。

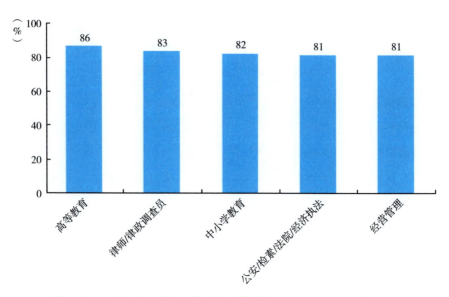

图 5-13　2016 届本科生毕业五年后就业满意度最高的前五位职业类

注：毕业生规模过小的职业类不包括在此排序中。

资料来源：麦可思－中国 2016 届大学毕业生五年后职业发展跟踪评价。

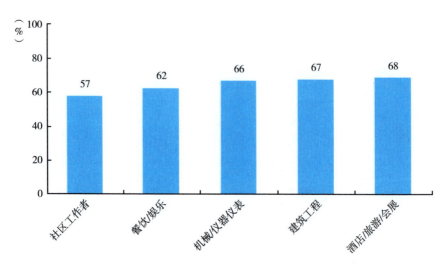

图 5-14　2016 届本科生毕业五年后就业满意度最低的前五位职业类

注：毕业生规模过小的职业类不包括在此排序中。

资料来源：麦可思－中国 2016 届大学毕业生五年后职业发展跟踪评价。

五　在各类单位的就业满意度

在政府机构／科研或其他事业单位的就业满意度最高，民营企业／个体就业满意度较低。从 2021 届毕业半年后和 2016 届毕业五年后的就业满意度来看，政府机构／科研或其他事业单位的就业满意度（分别为 79%、82%）均排在首位；民营企业／个体在毕业半年后和五年后的就业满意度（分别为 71%、73%）均排末位（见图 5-15、图 5-16）。

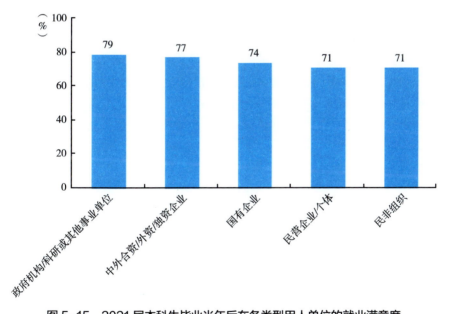

图 5-15　2021 届本科生毕业半年后在各类型用人单位的就业满意度

资料来源：麦可思－中国 2021 届大学毕业生培养质量跟踪评价。

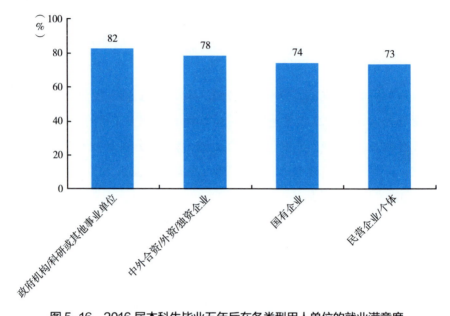

图 5-16　2016 届本科生毕业五年后在各类型用人单位的就业满意度

注：民非组织用人单位因为样本较少，没有包括在内。

资料来源：麦可思－中国 2016 届大学毕业生五年后职业发展跟踪评价。

摘　要： 随着工作时间延长和经验积累，大学生跨过职场初期开始在工作中独当一面，职位晋升或跳槽转行都关系着未来职业发展。通过对就业初期及毕业五年后毕业生职业发展情况的分析发现，应届本科毕业生从事专业相关工作的比例较往年有所上升；随着职位层级的提升以及个人职业发展规划的调整，毕业生五年后工作更加多元化。不同岗位的晋升速度也与单位的性质、规模等有关，其中经管类、工学、艺术类专业毕业生的职位晋升更快。另外，毕业生职场忠诚度趋于稳定，离职率持续走低。

关键词： 大学生就业　职场忠诚度　职业发展　本科生

一　从事本专业相关工作分析

（一）总体工作与专业相关度

工作与专业相关度[①]反映了专业人才培养与产业发展需求的匹配程度，2021届本科毕业生工作与专业相关度较前四届有所上升。从近五年的数据来看，应届本科毕业生从事本专业相关工作的比例从2017届到2020届持续保持在71%，2021届有所上升，达到73%。从不同院校类型来看，"双一流"院校比地方本科院校的工作与专业相关度略高（见图6-1、图6-2）。

---

① 工作与专业相关度＝受雇全职工作并且与专业相关的毕业生人数/受雇全职工作的毕业生人数。

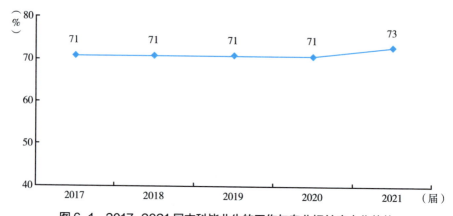

图 6-1　2017~2021 届本科毕业生的工作与专业相关度变化趋势

资料来源：麦可思 - 中国 2017~2021 届大学毕业生培养质量跟踪评价。

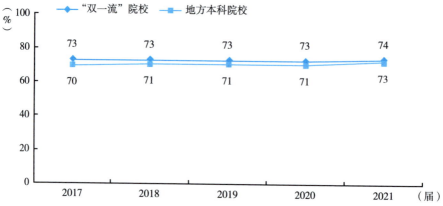

图 6-2　2017~2021 届各类本科院校毕业生的工作与专业相关度变化趋势

资料来源：麦可思 - 中国 2017~2021 届大学毕业生培养质量跟踪评价。

随着工作时间的延长，毕业生岗位晋升、变迁，同时不同工作岗位对有工作经验的毕业生准入门槛也存在差异，像医学工作与专业相关度始终保持在较高水平，其他多数学科门类毕业生工作三到五年的工作选择面会更宽。具体来看，2016 届本科毕业生五年后工作与专业相关度（65%）比半年后（70%）低 5 个百分点。其中，"双一流"院校毕业生毕业五年后工作的选择面相对更宽（见图 6-3）。

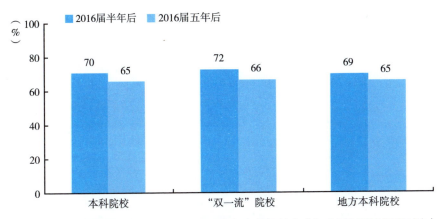

图 6-3　2016 届本科生毕业五年后的工作与专业相关度（与 2016 届半年后对比）

资料来源：麦可思－中国 2016 届大学毕业生五年后职业发展跟踪评价，2016 届大学毕业生培养质量跟踪评价。

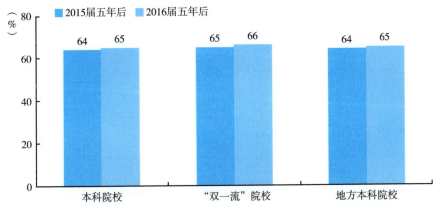

图 6-4　2015 届、2016 届本科生毕业五年后的工作与专业相关度

资料来源：麦可思－中国 2015 届、2016 届大学毕业生五年后职业发展跟踪评价。

应届本科毕业生有半数为主动选择（因个人期待、薪资、工作环境方面的考虑而选择）与专业无关工作。而被动选择专业无关工作也与疫情以来部分行业领域用人需求变化、高校毕业生规模持续增大、经济发展压力增大等因素有关。从毕业生选择与专业无关工作的具体原因来看，2021 届因专业工作不符合自己的职业期待而选择与专业无关工作的比例为 33%，其后为迫于现实先就业再择业（25%）、专业工作岗位招聘少（14%）（见图6-5）。

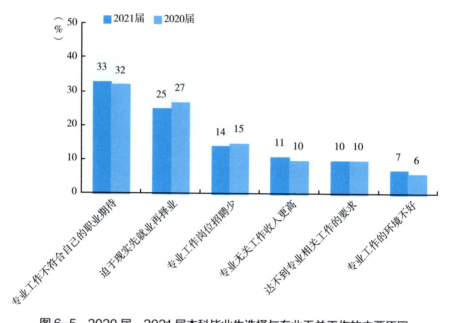

图6-5　2020届、2021届本科毕业生选择与专业无关工作的主要原因

资料来源：麦可思-中国2020届、2021届大学毕业生培养质量跟踪评价。

（二）主要专业的工作与专业相关度

医学和教育学培养目标对应的工作岗位准入门槛较高，工作与专业相关度持续排前两位；工学工作与专业相关度有所提升。从不同学科门类来看，医学、教育学在半年后和五年后的工作与专业相关度均稳定在第一、第二位，专业培养与岗位对接情况持续较好；工学工作与专业相关度2021届（74%）与2020届（71%）相比高了3个百分点，这也与信息产业、高端制造业的快速发展有关，毕业生从事相关工作的机会更多。此外，农学工作与专业相关度连续三年最低，但从趋势上看近三年持续上升，2021届（59%）相较于2019届（55%）高了4个百分点，说明毕业生学农从农、知农爱农的意愿在增强（见表6-1、表6-2）。

表 6-1　2019~2021 届本科各学科门类毕业生的工作与专业相关度

单位：%

本科学科门类名称	2021 届	2020 届	2019 届
医学	93	92	92
教育学	84	85	86
文学	74	74	74
工学	74	71	71
理学	71	69	67
历史学	70	69	68
艺术学	70	67	68
法学	68	65	65
管理学	66	64	65
经济学	62	61	62
农学	59	57	55
全国本科	73	71	71

注：个别学科门类因为样本较少，没有包括在内。

资料来源：麦可思－中国 2019~2021 届大学毕业生培养质量跟踪评价。

表 6-2　2015 届、2016 届本科各学科门类毕业生五年后的工作与专业相关度

单位：%

本科学科门类名称	2016 届毕业五年后	2015 届毕业五年后
医学	92	92
教育学	74	72
文学	67	65
法学	65	63
理学	64	63
工学	63	62
艺术学	61	60
管理学	59	57
经济学	57	58
农学	53	52
全国本科	65	64

注：个别学科门类因为样本较少，没有包括在内。

资料来源：麦可思－中国 2015 届、2016 届大学毕业生五年后职业发展跟踪评价。

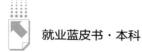

具体到专业层面，工作与专业相关度排名前30的专业主要集中在医学相关专业。其中，排名前六的专业分别为口腔医学（98%）、医学影像学（97%）、医学影像技术（97%）、临床医学（96%）、麻醉学（95%）、护理学（95%）（见表6-3）。

表6-3　2021届本科毕业生工作与专业相关度排前30位的主要专业

单位：%

本科专业名称	工作与专业相关度
口腔医学	98
医学影像学	97
医学影像技术	97
临床医学	96
麻醉学	95
护理学	95
医学检验技术	94
预防医学	93
小学教育	92
中医学	92
针灸推拿学	91
土木工程	90
康复治疗学	90
汉语言文学	88
建筑学	88
工程造价	88
给排水科学与工程	87
药学	87
药物制剂	87
地理科学	86
工程管理	85
学前教育	84
测绘工程	84
中药学	84

续表

本科专业名称	工作与专业相关度
体育教育	83
软件工程	83
建筑环境与能源应用工程	83
数学与应用数学	82
电气工程及其自动化	82
安全工程	81
全国本科	73

注：毕业生规模过小的专业不包括在此排序中。
资料来源：麦可思－中国2021届大学毕业生培养质量跟踪评价。

（三）主要职业的工作与专业相关度

医学相关职业从业门槛较高，毕业生在该岗位上工作与专业相关度最高，而行政后勤、销售类相关职业要求偏低。在2021届本科毕业生工作与专业相关度要求最高的前20位职业中，前十位中有九位均为医学相关职业，其中内科医师、麻醉医师、放射科医师、放射技术技师、护士的工作与专业相关度均达到100%，这些职业均对专业能力要求高，对应专业特点明显（见表6-4）。另外，在工作与专业相关度要求最低的前20位职业中，相对集中的是行政后勤、销售相关的职业，这些职业对专业的要求较低（见表6-5）。

表6-4 2021届本科毕业生工作与专业相关度要求最高的前20位职业

单位：%

职业名称	工作与专业相关度
内科医师	100
麻醉医师	100
放射科医师	100
放射技术技师	100
护士	100
全科医师	99

	续表
职业名称	工作与专业相关度
药剂师	99
康复治疗师	99
土木绘图人员	98
外科医师	98
园林建筑师	97
医学和临床实验室技术人员	96
建筑师（非园林和水上景观）	96
机械工程技术人员	95
土木工程技术人员	94
医学研究人员	94
食品检验人员	94
化学技术人员	93
电气工程技术人员	93
计算机程序员	93
全国本科	73

注：毕业生规模过小的职业不包括在此排序中。

资料来源：麦可思－中国2021届大学毕业生培养质量跟踪评价。

表6-5　2021届本科毕业生工作与专业相关度要求最低的前20位职业 单位：%	
职业名称	工作与专业相关度
客服专员	31
数据录入员	31
档案管理员	34
房地产经纪人	34
文员	35
公关专员	35
社工	36
物业经理	37
推销员	38
物业管理专员	39

	续表
职业名称	工作与专业相关度
活动执行	41
行政秘书和行政助理	41
营业员	43
运营经理	43
销售经理	43
金融服务销售商	44
保险推销人员	46
招聘专职人员	48
各类销售服务人员	50
市场经理	50
全国本科	73

注：毕业生规模过小的职业不包括在此排序中。

资料来源：麦可思－中国 2021 届大学毕业生培养质量跟踪评价。

二　职位晋升情况

（一）总体职位晋升

职位晋升[①] 情况在毕业中期进一步显现。在工作三年阶段，"双一流"院校与地方本科院校毕业生在晋升比例上没有差异；在工作五年阶段，"双一流"院校毕业生晋升优势显现。2016 届本科生毕业五年内获得晋升的比例为 66%、平均晋升次数为 1.1 次，其中"双一流"院校为 69%、平均晋升次数为 1.2 次（见图 6-6、图 6-7）。

[①]　职位晋升：由已经工作的毕业生回答是否获得职位晋升以及获得晋升的次数。职位晋升是指享有比前一个职位更多的职权并承担更多的责任，由毕业生主观判断。这既包括不换雇主的内部提升，也包括通过更换雇主实现的晋升。
职位晋升次数：由毕业生回答获得职位晋升的次数，计算公式的分子是三年内、五年内毕业生获得的职位晋升次数，没有获得职位晋升的人记为 0 次，分母是三年内、五年内就业和就业过的毕业生数。

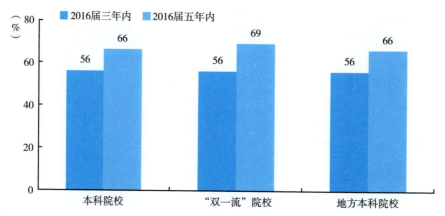

图6-6　2016届本科生毕业五年内平均获得职位晋升的比例（与2016届三年内对比）

资料来源：麦可思－中国2016届大学毕业生五年后职业发展跟踪评价，2016届大学毕业生三年后职业发展跟踪评价。

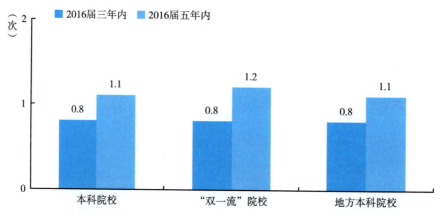

图6-7　2016届本科生毕业五年内平均获得职位晋升的次数（与2016届三年内对比）

资料来源：麦可思－中国2016届大学毕业生五年后职业发展跟踪评价，2016届大学毕业生三年后职业发展跟踪评价。

（二）各学科门类的职位晋升

综合职位晋升比例和次数可以看出，经济学、工学、管理学在毕业五年内晋升比例排名前三位。具体来看，经济学、工学、管理学毕业三年内获得

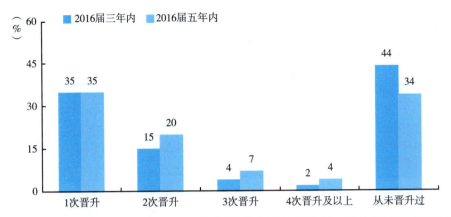

图 6-8　2016 届本科生毕业五年内平均获得职位晋升的频度（与 2016 届三年内对比）

资料来源：麦可思－中国 2016 届大学毕业生五年后职业发展跟踪评价，2016 届大学毕业生三年后职业发展跟踪评价。

职位晋升的比例分别为 58%、57%、59%，随着工作年限的增加，晋升比例进一步提升，在毕业五年内晋升比例均达到 69% 及以上。另外，医学职位晋升的比例和次数在毕业三年内和五年内均相对较低，这与医疗卫生人员特定的职称体系有关（见表 6-6、表 6-7）。

表 6-6　2016 届本科各学科门类毕业生五年内平均获得职位晋升的比例 （与 2016 届三年内对比）		
		单位：%
本科学科门类名称	2016 届五年内	2016 届三年内
经济学	70	58
工学	70	57
管理学	69	59
艺术学	68	61
农学	67	55
教育学	66	53
文学	65	57
理学	63	53

续表

本科学科门类名称	2016 届五年内	2016 届三年内
法学	61	48
医学	49	40
全国本科	66	56

注：个别学科门类因为样本较少，没有包括在内。

资料来源：麦可思－中国 2016 届大学毕业生五年后职业发展跟踪评价，2016 届大学毕业生三年后职业发展跟踪评价。

表 6-7　2016 届本科各学科门类毕业生五年内平均获得职位晋升的次数（与 2016 届三年内对比）

单位：次

本科学科门类名称	2016 届五年内	2016 届三年内
艺术学	1.2	1.0
经济学	1.2	0.9
工学	1.2	0.9
农学	1.2	0.9
管理学	1.2	0.9
文学	1.1	0.8
教育学	1.0	0.8
理学	1.0	0.8
法学	1.0	0.6
医学	0.7	0.5
全国本科	1.1	0.8

注：个别学科门类因为样本较少，没有包括在内。

资料来源：麦可思－中国 2016 届大学毕业生五年后职业发展跟踪评价，2016 届大学毕业生三年后职业发展跟踪评价。

（三）主要行业、职业的职位晋升

住宿和餐饮业、房地产开发及租赁业职位晋升较快。具体来看，住宿和餐饮业、房地产开发及租赁业在毕业五年内职位晋升比例排在前两位，分别为 84%、82%。同时，这两个行业毕业五年内的职位晋升次数排名也位列前二，分别达到 1.9 次、1.8 次（见表 6-8、表 6-9）。

表 6-8　2016 届本科主要行业类毕业生五年内平均获得职位晋升的比例（与 2016 届三年内对比）单位：%		
本科行业类名称	2016 届五年内	2016 届三年内
住宿和餐饮业	84	70
房地产开发及租赁业	82	67
邮递、物流及仓储业	80	70
零售业	79	72
建筑业	78	61
信息传输、软件和信息技术服务业	76	65
各类专业设计与咨询服务业	74	66
居民服务、修理和其他服务业	74	65
医药及设备制造业	73	59
电子电气设备制造业（含计算机、通信、家电等）	72	61
金融业	72	60
其他制造业	72	55
食品、烟草、加工业	71	64
批发业	71	63
纺织、服装、皮革制造业	69	60
运输业	69	51
文化、体育和娱乐业	68	61
化学品、化工、塑胶制造业	68	55
农、林、牧、渔业	65	57
教育业	65	55
机械设备制造业	65	52
交通运输设备制造业	65	49
电力、热力、燃气及水生产和供应业	64	52
行政、商业和环境保护辅助业	60	46

续表

本科行业类名称	2016 届五年内	2016 届三年内
政府及公共管理	48	33
医疗和社会护理服务业	46	39
全国本科	66	56

注：个别行业类因为样本较少，没有包括在内。

资料来源：麦可思－中国 2016 届大学毕业生五年后职业发展跟踪评价，2016 届大学毕业生三年后职业发展跟踪评价。

表 6-9　2016 届本科主要行业类毕业生五年内平均获得职位晋升的次数
（与 2016 届三年内对比）

单位：次

本科行业类名称	2016 届五年内	2016 届三年内
住宿和餐饮业	1.9	1.5
房地产开发及租赁业	1.8	1.3
零售业	1.7	1.2
邮递、物流及仓储业	1.6	1.2
信息传输、软件和信息技术服务业	1.5	1.1
纺织、服装、皮革制造业	1.5	1.0
食品、烟草、加工业	1.5	1.0
各类专业设计与咨询服务业	1.4	1.1
建筑业	1.4	1.0
居民服务、修理和其他服务业	1.4	1.0
批发业	1.4	0.9
文化、体育和娱乐业	1.3	1.1
电子电气设备制造业（含计算机、通信、家电等）	1.3	1.0
医药及设备制造业	1.3	0.9
电力、热力、燃气及水生产和供应业	1.3	0.8
其他制造业	1.3	0.8
运输业	1.3	0.7
化学品、化工、塑胶制造业	1.2	0.8
金融业	1.2	0.8
机械设备制造业	1.2	0.7

续表

本科行业类名称	2016 届五年内	2016 届三年内
行政、商业和环境保护辅助业	1.2	0.7
农、林、牧、渔业	1.1	1.0
教育业	1.0	0.8
交通运输设备制造业	1.0	0.7
医疗和社会护理服务业	0.6	0.5
政府及公共管理	0.6	0.4
全国本科	1.1	0.8

注：个别行业类因为样本较少，没有包括在内。

资料来源：麦可思－中国 2016 届大学毕业生五年后职业发展跟踪评价，2016 届大学毕业生三年后职业发展跟踪评价。

经营管理类职业的晋升优势明显。具体来看，经营管理类职业在毕业三年内职位晋升比例已超过 80%，毕业五年内职位晋升比例进一步上升，达到 89%。晋升速度快体现了其职业的特点，该职业本身就要求达到一定的层次才能够胜任。另外，公安 / 检察 / 法院 / 经济执法、医疗保健 / 紧急救助类职位晋升相对缓慢（见表 6-10）。

表 6-10　2016 届本科主要职业类毕业生五年内平均获得职位晋升的比例（与 2016 届三年内对比）

单位：%

本科职业类名称	2016 届五年内	2016 届三年内
经营管理	89	83
房地产经营	78	75
销售	78	68
人力资源	77	67
物流 / 采购	76	64
建筑工程	76	61
生产 / 运营	75	68
互联网开发及应用	74	69
电力 / 能源	74	61
计算机与数据处理	73	59

续表

本科职业类名称	2016 届五年内	2016 届三年内
幼儿与学前教育	71	56
金融（银行/基金/证券/期货/理财）	71	56
生物/化工	71	55
律师/律政调查员	70	56
电气/电子（不包括计算机）	70	55
职业/教育培训	70	52
美术/设计/创意	69	63
媒体/出版	68	59
财务/审计/税务/统计	67	55
保险	67	52
交通运输/邮电	65	55
机械/仪器仪表	63	51
中小学教育	62	53
机动车机械/电子	62	45
环境保护	60	48
农/林/牧/渔类	56	53
行政/后勤	53	41
医疗保健/紧急救助	46	39
公安/检察/法院/经济执法	45	31
全国本科	66	56

注：个别职业类因为样本较少，没有包括在内。

资料来源：麦可思－中国 2016 届大学毕业生五年后职业发展跟踪评价，2016 届大学毕业生三年后职业发展跟踪评价。

表 6-11　2016 届本科主要职业类毕业生五年内平均获得职位晋升的次数（与 2016 届三年内对比）

单位：次

本科职业类名称	2016 届五年内	2016 届三年内
经营管理	2.1	1.7
房地产经营	1.8	1.2
人力资源	1.5	1.1
美术/设计/创意	1.5	1.1

续表

本科职业类名称	2016 届五年内	2016 届三年内
销售	1.5	1.1
互联网开发及应用	1.5	1.1
生产 / 运营	1.4	1.0
职业 / 教育培训	1.4	1.0
建筑工程	1.4	0.9
物流 / 采购	1.4	0.9
计算机与数据处理	1.3	1.0
电力 / 能源	1.3	0.9
律师 / 律政调查员	1.3	0.9
电气 / 电子（不包括计算机）	1.3	0.8
媒体 / 出版	1.2	1.0
生物 / 化工	1.2	0.6
幼儿与学前教育	1.1	0.9
金融（银行 / 基金 / 证券 / 期货 / 理财）	1.1	0.8
交通运输 / 邮电	1.1	0.8
财务 / 审计 / 税务 / 统计	1.1	0.8
机械 / 仪器仪表	1.1	0.7
环境保护	1.0	0.8
农 / 林 / 牧 / 渔类	1.0	0.8
保险	1.0	0.6
中小学教育	0.9	0.7
机动车机械 / 电子	0.9	0.7
行政 / 后勤	0.8	0.5
医疗保健 / 紧急救助	0.6	0.5
公安 / 检察 / 法院 / 经济执法	0.6	0.3
全国本科	1.1	0.8

注：个别职业类因为样本较少，没有包括在内。

资料来源：麦可思－中国 2016 届大学毕业生五年后职业发展跟踪评价，2016 届大学毕业生三年后职业发展跟踪评价。

（四）对职位晋升有帮助的活动与因素

课堂内、外所学的知识和技能对职位晋升帮助较大。具体来看，2016届毕业生毕业五年后分别有 42%、37% 的人认为课上所学的知识和技能、课外自学的知识和技能（含培训）对职位晋升帮助较大。可见，课内外（尤其是课内）知识技能的学习对毕业生的中长期职业发展具有积极影响（见图 6-9）。高校一方面应注重课内外知识技能培养的质量，另一方面也需关注实习及社团活动的拓展，这样不仅能够丰富学生在校体验，也能够为毕业生的长远发展打下基础。

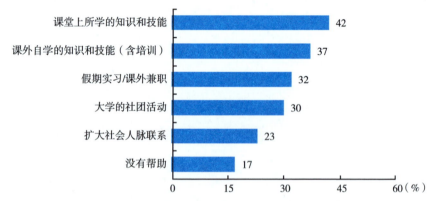

图 6-9　2016届本科生毕业五年后认为对职位晋升有帮助的大学活动

资料来源：麦可思－中国 2016 届大学毕业生五年后职业发展跟踪评价。

三　职场忠诚度分析

（一）离职率与雇主数

毕业生职场稳定性趋于平稳，"双一流"院校毕业生职场稳定性更高。从近五年应届毕业生的离职率[①] 来看，本科毕业生离职比例整体保持稳定，2021

[①]　离职率：有过工作经历的毕业生（从毕业时到 2021 年 12 月 31 日）有多大比例离职过。离职率＝曾经有离职行为的毕业生人数／现在工作或曾经工作过的毕业生人数。

届为 22%，其中，"双一流"院校为 12%、地方本科院校为 24%（见图 6-10、图 6-11）。

从毕业五年内的雇主数[①]来看，全国本科 2016 届毕业生五年内的雇主数为 2.3 个，"双一流"院校与地方本科院校无明显差异（见图 6-12、图 6-13）。

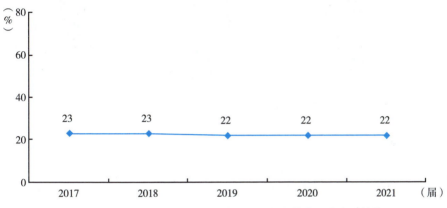

图 6-10　2017~2021 届本科生毕业半年内的离职率变化趋势

资料来源：麦可思 - 中国 2017~2021 届大学毕业生培养质量跟踪评价。

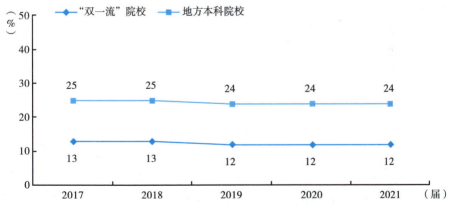

图 6-11　2017~2021 届各类本科院校毕业生毕业半年内的离职率变化趋势

资料来源：麦可思 - 中国 2017~2021 届大学毕业生培养质量跟踪评价。

---

① **雇主数**：指毕业生从第一份工作到五年后的跟踪评价时点，一共为多少个雇主工作过。雇主数越多，则工作转换得越频繁；雇主数可以代表毕业生工作稳定的程度。

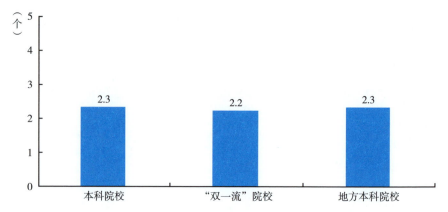

图 6-12　2016 届本科生毕业五年内的平均雇主数

资料来源：麦可思－中国 2016 届大学毕业生五年后职业发展跟踪评价。

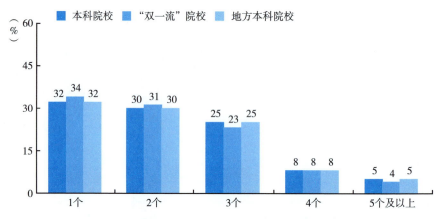

图 6-13　2016 届本科生毕业五年内工作过的雇主数频度

资料来源：麦可思－中国 2016 届大学毕业生五年后职业发展跟踪评价。

医学毕业生职场忠诚度持续最高。具体来看，医学生毕业半年内的离职率连续三届均在 15% 以下，同时是毕业五年内唯一雇主数低于 2 个的学科门类；历史学就业稳定性也较高，连续三年排在前两位。另外，艺术学毕业生职场流动性较强，毕业半年内的离职率（32%）和五年内的雇主数（2.4 个）均最高（见表 6-12、表 6-13）。就业稳定性与专业特点、就业所在用人单位类型等均有一定的关系。

表 6-12　2019~2021 届本科各学科门类毕业生毕业半年内的离职率

单位：%

本科学科门类名称	2021 届	2020 届	2019 届
医学	13	13	12
历史学	14	15	15
工学	18	20	20
教育学	19	18	18
法学	20	19	20
理学	21	19	20
管理学	25	25	25
农学	26	25	26
经济学	26	26	26
文学	29	27	28
艺术学	32	32	30
全国本科	22	22	22

注：个别学科门类因为样本较少，没有包括在内。

资料来源：麦可思－中国 2019~2021 届大学毕业生培养质量跟踪评价。

表 6-13　2016 届本科各学科门类毕业生毕业五年内的平均雇主数

单位：个

本科学科门类名称	毕业五年内平均雇主数
医学	1.7
教育学	2.1
法学	2.1
经济学	2.2
理学	2.2
文学	2.2
管理学	2.3
工学	2.3
农学	2.4
艺术学	2.4
全国本科	2.3

注：个别学科门类因为样本较少，没有包括在内。

资料来源：麦可思－中国 2016 届大学毕业生五年后职业发展跟踪评价。

（二）离职原因

虽然追求薪资福利和发展空间是毕业生选择离职的主要因素，但在疫情以来，毕业生考虑离职更为慎重。具体来看，2021届因薪资福利偏低、个人发展空间不够而离职的因素（分别为35%、35%），比2020届（分别为39%、38%）、2019届（分别为43%、47%）有明显下降趋势。另外，值得注意的是，2021届因准备求学深造而离职的因素（21%），比2020届（16%）上升了5个百分点，这也与用人单位对毕业生的岗位胜任能力需求提升有关（见图6-14）。

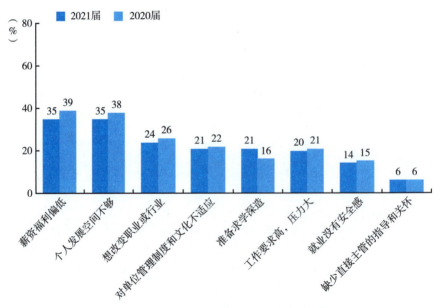

图6-14　2020届、2021届本科毕业生主动离职的原因

资料来源：麦可思－中国2020届、2021届大学毕业生培养质量跟踪评价。

B.7
本科毕业生读研和留学分析

摘　要： 新冠肺炎疫情以来，硕士研究生的扩招使得考研热度持续增长，考研竞争进一步加大，二次考研的群体持续扩大，需关注研究生群体的滞后就业压力。毕业生选择读研主要是为了提高就业竞争力，多数毕业生对读研有着较为清晰的目标和计划。疫情下出国留学受阻，促使意向留学人群的学业规划更加多样化。留学人员对国内就业环境更有信心，"回国意愿"进一步凸显，从留学归国人员流入的城市来看，除一线城市外，更多人选择前往杭州等新一线城市居住和发展。学历提升带来的经济回报和从业幸福感进一步显现。

关键词： 读研　留学　归国意愿　学历提升回报　本科生

一　读研和留学比例

（一）国内读研比例

疫情以来，考研热度持续增长，硕士研究生的扩招在缓解就业压力的同时，也是高等教育人才的"蓄水池"。从近五年的数据来看，应届本科毕业生国内读研比例从2017届的14.1%逐年增至2021届的17.2%，上升了3.1个百分点。其中，"双一流"院校国内读研比例增幅更为明显，从2017届的28.5%增至2021届的35.4%，上升了6.9个百分点，这也与"双一流"院校的研究型定位相契合（见图7-1）。

图 7-1　2017~2021 届本科毕业生国内读研的比例变化趋势

资料来源：麦可思－中国 2017~2021 届大学毕业生培养质量跟踪评价。

二次考研群体的规模持续增大，考研竞争加剧。2022 年考研大军达到了 457 万人，院校计划招生的人数在 110 万人，这就预示着将有 300 多万的考生落榜。应届本科毕业生未就业群体中，继续准备国内考研的比例呈持续上升的态势，从 2017 届的 2.2% 逐年上升至 2021 届的 6.1%。2021 届正在准备考研的毕业生中，有八成已参加过研究生考试，初次考研失利主要是由于初试总分未达到录取线（见图 7-2、图 7-3）。

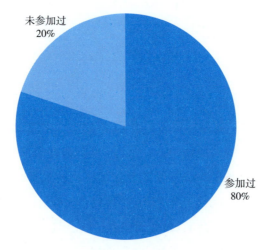

图 7-2　2021 届本科生毕业半年后准备考研群体参加过国内研究生考试的比例

资料来源：麦可思－中国 2021 届大学毕业生培养质量跟踪评价。

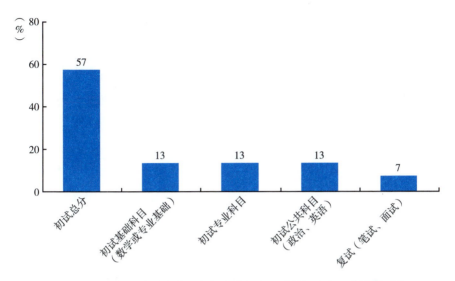

图 7-3　2021 届本科生毕业半年后准备考研群体初次考研未通过科目

资料来源：麦可思 - 中国 2021 届大学毕业生培养质量跟踪评价。

　　由于硕士研究生报考人数的激增，考研难度也不断增大。通过对 2017 届、2018 届毕业半年后准备考研人群的持续跟踪调研发现，二次（三次）考研的成功率持续下降，由 2017 届的 45.0% 下降至 2018 届的 43.1%（见图 7-4）。

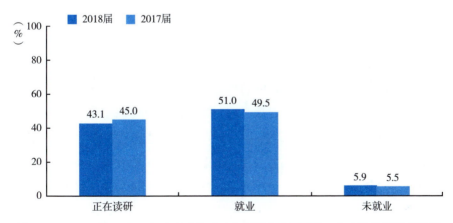

图 7-4　2017 届、2018 届本科生毕业半年后准备考研群体三年后的学历提升情况

资料来源：麦可思 - 中国 2017 届、2018 届大学毕业生三年后职业发展跟踪评价，2017 届、2018 届大学毕业生培养质量跟踪评价。

跨专业考研方面，本科毕业生读研转换专业的比例持稳，地方本科院校转换专业比例更高。具体来看，2021届近三成本科毕业生读研转换了专业，其中"双一流"院校、地方本科院校毕业生读研转换专业比例分别为23%、26%。毕业生主要因自己的兴趣爱好和职业规划而跨专业读研（见图7-5）。

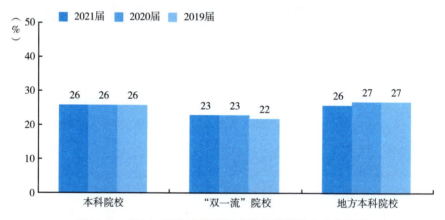

图7-5 2019~2021届本科毕业生读研转换专业的比例

资料来源：麦可思－中国2019~2021届大学毕业生培养质量跟踪评价。

医学、农学、理学三大学科持续占据读研排行榜前三名。具体来看，医学、农学、理学读研比例[①]连续三届均超过20%，且呈现持续上升的趋势。其中，医学读研比例连续三届位列榜首，这与该专业相关领域的培养特性及就业市场的要求相关（见表7-1）。进一步从2021届本科毕业生读研的主要研究生专业类分布来看，排名前五的专业类是电子信息类、计算机类、机械类、法学类、临床医学类，其中毕业生在电子信息类专业读研的比例（6.8%）较2020届（4.9%）上升了1.9个百分点，该专业类报考热度最高（表7-3）。

基础学科、集成电路、人工智能、公共卫生等与国家战略、社会民生需

---

① 各学科门类读研比例＝各学科门类国内读研的毕业生人数／该学科门类毕业生总人数。

求紧密相关的研究生专业领域是新时代研究生教育改革的重点之一，其规模将不断壮大，也将吸引更多本科毕业生报考。

本科学科门类名称	2021届	2020届	2019届
医学	28.0	27.1	26.6
农学	25.6	24.7	22.8
理学	25.0	24.5	23.3
历史学	21.3	19.5	17.6
法学	20.6	20.1	18.5
工学	20.1	18.8	17.0
文学	14.2	13.0	12.0
经济学	13.8	13.3	11.7
教育学	12.3	12.1	11.7
管理学	11.6	11.4	10.5
艺术学	7.7	7.6	7.0
全国本科	17.2	16.4	15.2

表 7-1　2019~2021 届本科各学科门类读研比例

单位：%

注：个别学科门类因为样本较少，没有包括在内。
资料来源：麦可思－中国 2019~2021 届大学毕业生培养质量跟踪评价。

各学科读研转换专业方面，经管类换专业比例[①]较高，法学、医学较低。具体来看，近三年管理学、经济学毕业生读研转换专业的比例均达到或超过 40%，经管类相近专业跨考成功率较高；而法学、医学读研转换专业的比例不超过 12%，这也与专业性较强和考研报考的条件有关（见表 7-2）。跨学科考研对培养复合型的人才有积极的影响，但对本硕专业统一的研究生培养模式带来了新的挑战。

_____

① 　各学科门类读研转换专业比例＝各学科门类国内读研的毕业生转换专业的人数／该学科门类读研毕业生总人数。

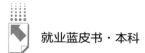

表7-2　2019~2021届本科各学科门类读研转换专业比例

单位：%

本科学科门类名称	2021届	2020届	2019届
管理学	45	44	43
经济学	41	40	40
文学	29	30	30
农学	28	30	29
艺术学	26	26	25
工学	23	22	22
教育学	21	21	21
理学	21	23	23
历史学	14	13	15
医学	13	12	12
法学	12	14	14
全国本科	26	26	26

注：个别学科门类因为样本较少，没有包括在内。
资料来源：麦可思－中国2019~2021届大学毕业生培养质量跟踪评价。

表7-3　2021届本科毕业生读研的主要研究生专业类分布

单位：%

主要研究生专业类	分布比例	主要研究生专业类	分布比例
电子信息类	6.8	林学类	0.7
计算机类	5.4	医学技术类	0.6
机械类	4.9	社会学类	0.6
法学类	4.6	戏剧与影视学类	0.6
临床医学类	4.4	自然保护与环境生态类	0.6
工商管理类	4.0	财政学类	0.6
外国语言文学类	3.5	测绘类	0.6
材料类	3.3	经济与贸易类	0.6
教育学类	2.9	能源动力类	0.5
化学类	2.7	生物医学工程类	0.5
中国语言文学类	2.4	美术学类	0.5
生物科学类	2.2	中西医结合类	0.5

主要研究生专业类	分布比例	主要研究生专业类	分布比例
			续表
金融学类	2.2	仪器类	0.5
土木类	2.0	基础医学类	0.5
电气类	1.9	护理学类	0.5
数学类	1.8	动物生产类	0.4
环境科学与工程类	1.8	纺织类	0.4
中医学类	1.7	动物医学类	0.4
食品科学与工程类	1.6	物流管理与工程类	0.4
化工与制药类	1.6	交通运输类	0.4
自动化类	1.5	农业工程类	0.4
植物生产类	1.5	农业经济管理类	0.3
新闻传播学类	1.4	图书情报与档案管理类	0.3
经济学类	1.4	哲学类	0.3
药学类	1.4	轻工类	0.3
马克思主义理论类	1.4	安全科学与工程类	0.3
设计学类	1.3	水利类	0.3
物理学类	1.3	工业工程类	0.3
体育学类	1.2	口腔医学类	0.3
历史学类	1.1	地质类	0.3
管理科学与工程类	1.1	政治学类	0.3
公共管理类	1.0	旅游管理类	0.3
生物工程类	1.0	林业工程类	0.2
地理科学类	0.9	矿业类	0.2
公共卫生与预防医学类	0.9	力学类	0.2
建筑类	0.8	电子商务类	0.2
心理学类	0.8	艺术学理论类	0.2
音乐与舞蹈学类	0.8	草学类	0.1
统计学类	0.7	航空航天类	0.1
中药学类	0.7	海洋科学类	0.1

注：个别专业类因为样本较少比例较低，没有展示。

资料来源：麦可思－中国 2021 届大学毕业生培养质量跟踪评价。

（二）留学比例

疫情以来，出国留学受阻，促使意向留学人群的学业规划更加多样化。从留学比例的趋势变化来看，2017~2019届留学比例趋于稳定，保持在2.1%~2.3%，2020届留学比例（1.6%）明显下降，2021届下降至1.2%。从不同院校类型来看，"双一流"院校本科生留学受影响更大。2021届"双一流"院校留学比例（2.8%）比疫情前（2019届为4.8%）下降了2个百分点；地方本科院校本科生留学比例（0.9%）比疫情前（2019届为1.7%）下降了0.8个百分点（见图7-6）。受疫情影响，部分有留学意向的毕业生计划放弃留学，转为国内考研、找工作。

图7-6　2017~2021届本科毕业生留学的比例变化趋势

资料来源：麦可思－中国2017~2021届大学毕业生培养质量跟踪评价。

疫情对经济学、文学、管理学、工学毕业生的留学影响较大，留学比例[①]较2019届下降较多。从不同学科门类来看，2021届经济学留学比例（3.6%）依然排在首位，但较2019届下降了1.0个百分点；管理学、文学、工学的留学比例较2019届分别下降了1.1个、1.3个、1.3个百分点。

从留学专业分布看，工商管理学依然是留学最为热门的专业，占比

---

①　各学科门类留学比例＝各学科门类留学的毕业生人数/该学科门类毕业生总人数。

30.7%。另外，教育学、社会科学、工程科学、计算机与信息科学类专业也是留学人群选择较多的专业，占比均在6%以上。需要注意的是，工程类专业的留学占比均有不同程度下降，这也与近几年来留学政策对部分专业领域的限制有关。（见表7-4、图7-7）

表7-4 2019~2021届本科各学科门类留学比例			
			单位：%
本科学科门类名称	2021届	2020届	2019届
经济学	3.6	3.7	4.6
文学	1.9	2.6	3.2
法学	1.6	1.7	2.2
管理学	1.3	1.7	2.4
艺术学	1.2	1.5	1.8
理学	1.1	1.3	1.8
工学	0.7	1.3	2.0
农学	0.2	0.4	0.8
医学	0.2	0.4	0.4
教育学	0.2	0.3	0.4
历史学	0.1	0.1	0.1
全国本科	1.2	1.6	2.2

注：个别学科门类因为样本较少，没有包括在内。
资料来源：麦可思－中国2019~2021届大学毕业生培养质量跟踪评价。

二 读研和留学动机

（一）国内读研动机

毕业生选择读研主要是为了增强就业竞争力。从毕业生读研的动机来看，2021届分别有55%、49%、43%的毕业生因就业前景好、职业发展需要和想去更好的大学而读研。因就业难暂时读研的人群占少数（18%），"逃避式考研"并未成为趋势，更多的毕业生对读研有着较为清晰的目标和计划（见图7-8）。

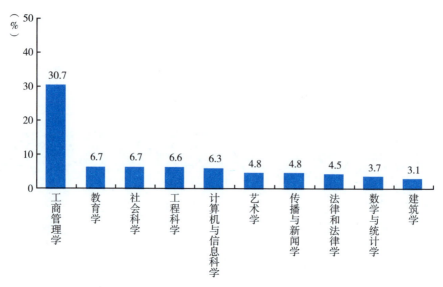

图7-7 2021届本科毕业生留学的主要专业类分布

资料来源：麦可思-中国2021届大学毕业生培养质量跟踪评价。

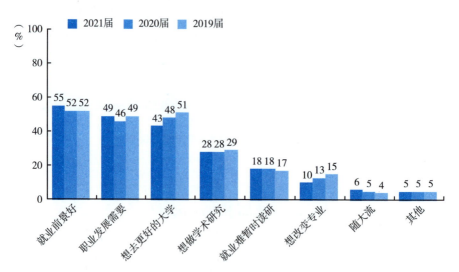

图7-8 2019~2021届本科毕业生读研的主要动机

资料来源：麦可思-中国2019~2021届大学毕业生培养质量跟踪评价。

在读研择校方面，本科生更看重所学专业或者学校的社会声誉。具体来看，2021届有28%的人群选择研究生院校时最关注所报考专业的声誉，另外，分别有 25%、18% 的人最关注学校的声誉和地理位置（见图 7-9）。

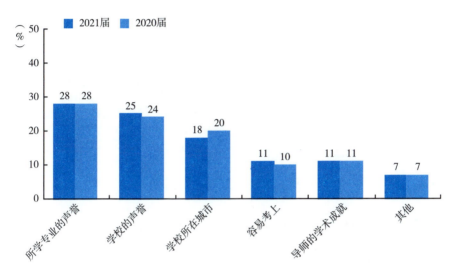

图 7-9　2020 届、2021 届本科院校读研的毕业生选择研究生院校时
最关注的因素分布

资料来源：麦可思 - 中国 2020 届、2021 届大学毕业生培养质量跟踪评价。

（二）留学动机

在留学动机方面，增强职业综合竞争力是 2021 届毕业生选择留学的首要因素（35%）；其次是学习先进的知识和技能（24%）（见图 7-10）。留学经历对学生能力的提升、知识的拓宽以及视野的开阔均有重要影响。

疫情以来，留学生对国内就业环境更有信心。在对毕业生留学后打算回国发展还是留居海外的意愿调研中，留学人群"回国意愿"进一步凸显。具体来看，2021 届本科有 65% 的留学毕业生计划完成学业后直接回国内工作，这一比例较 2020 届（59%）、2019 届（49%）大幅上升（见图 7-11）。对国内经济发展的肯定和信心成为留学人员选择回国发展的重要原因。

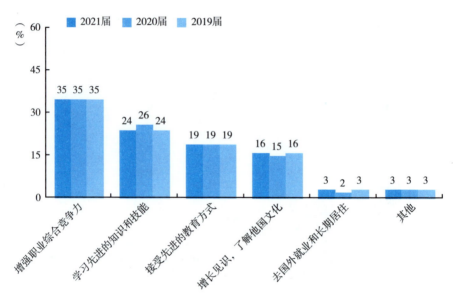

图 7-10 2019~2021 届本科毕业生留学的主要动机

资料来源：麦可思－中国 2019~2021 届大学毕业生培养质量跟踪评价。

图 7-11 2019~2021 届本科毕业生留学后的回国意愿分布

资料来源：麦可思－中国 2019~2021 届大学毕业生培养质量跟踪评价。

通过跟踪 2016 届本科留学人群发现，五年后超过七成（72%）回到中国内地居住，28% 留在我国港澳台或国外（见图 7-12）。从海外人才流入量占比前 10 名的城市来看，一线城市凭借优质的社会公共资源和良好的就业机会吸引了大量留学生，其中北京、上海两地吸引力最大，深圳位列第三；此外新一线城市飞速发展，杭州对留学归国人员的吸引力超过一线城市广州，排在第四。具体来看，2016届本科留学人群毕业五年后分别有17.0%、16.4%选择在北京、上海居住，深圳居住占比8.4%，杭州居住占比5.2%（见表7-5）。

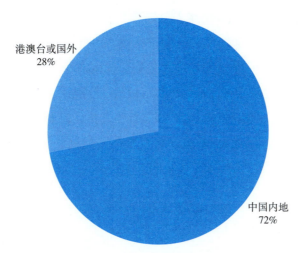

图 7-12　2016届本科生毕业半年后留学人群五年后的居住地分布

资料来源：麦可思－中国2016届大学毕业生五年后职业发展跟踪评价，2016届大学毕业生培养质量跟踪评价。

表 7-5　2016届本科生毕业半年后留学人群五年后在国内的主要居住城市

单位：%

主要城市	分布比例
北京	17.0
上海	16.4
深圳	8.4
杭州	5.2
广州	4.8
成都	4.2
苏州	3.5
南京	3.3
武汉	3.0
西安	2.8

资料来源：麦可思－中国2016届大学毕业生五年后职业发展跟踪评价，2016届大学毕业生培养质量跟踪评价。

三 职业发展

（一）用人单位分布

从升学人群五年后就业的用人单位类型来看，民企对境内读研和留学人群的吸纳能力均较强，政府机构、事业单位、国企对境内读研人群的吸纳能力更强，外企对留学人群的吸纳能力更强。具体来看，境内读研人群和留学人群选择在民营企业/个体就业的比例均较高，分别为31%、41%；除此之外，境内读研人群选择在政府机构/科研或其他事业单位就业的比例（37%）远超留学人群（15%），而留学人群选择在中外合资/外资/独资企业就业的比例（23%）远超境内读研人群（5%）（见图7-13）。

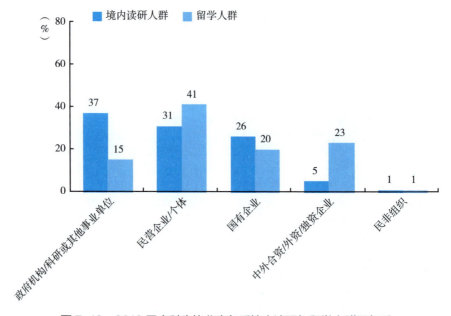

图7-13 2016届本科生毕业半年后境内读研与留学人群五年后
就业的用人单位类型对比

资料来源：麦可思－中国2016届大学毕业生五年后职业发展跟踪评价，2016届大学毕业生培养质量跟踪评价。

（二）就业质量

除在毕业后直接选择读研或者留学深造外，也有一部分毕业生在工作一段时间后选择继续深造。通过对 2016 届本科大学生毕业五年后的学历提升追踪发现，本科大学生毕业五年后学历有进一步提升。具体来看，2016 届本科毕业生在毕业时有 15.5% 的学生选择直接深造，而到五年后，2016 届本科毕业生有过学历提升的比例达到 20.8%，比同届毕业时上升 5.3 个百分点。其中，"双一流"院校、地方本科院校毕业生毕业五年后学历提升人群的比例分别达到 38.2%、17.3%（见图 7-14）。

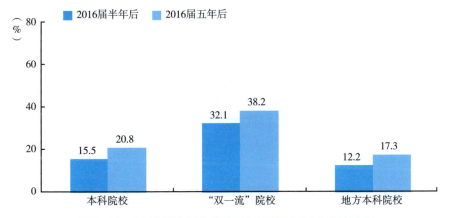

图 7-14　2016 届本科生毕业五年后学历提升人群的比例

资料来源：麦可思 - 中国 2016 届大学毕业生五年后职业发展跟踪评价，2016 届大学毕业生培养质量跟踪评价。

学历提升随着毕业时间的推移，可以带来更好的经济回报和就业感受。通过对 2016 届本科毕业五年后学历提升与未提升人群的月收入对比发现，有过学历提升人群的月收入（11099 元）比学历未提升人群（10256 元）高 843 元。其中，在"双一流"院校中学历提升带来的影响更大，学历提升人群的月收入（13709 元）比未提升人群（12737 元）高 972 元；地方本科院校中学历提升人群的月收入（10577 元）比未提升人群（9759 元）高 818 元（见图 7-15）。

从本科毕业五年后学历提升与未提升人群的就业满意度来看，学历提升人群的就业满意度（82%）明显高于学历未提升人群（75%）。其中，"双一流"院校、地方本科院校学历提升人群五年后的就业满意度比学历未提升人群分别高出9个、7个百分点（见图7-16）。学历提升带来的从业幸福感更强。

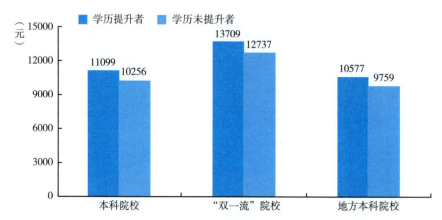

图7-15　2016届本科毕业五年后学历提升人群和学历未提升人群的月收入对比

资料来源：麦可思－中国2016届大学毕业生五年后职业发展跟踪评价。

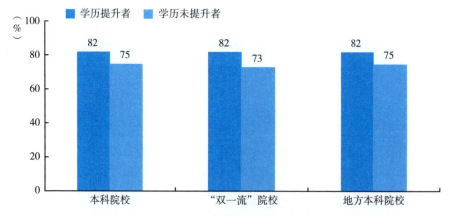

图7-16　2016届本科毕业五年后学历提升人群和学历未提升人群的就业满意度对比

资料来源：麦可思－中国2016届大学毕业生五年后职业发展跟踪评价。

B.8
本科毕业生灵活就业分析

摘　要： 疫情防控常态化下，灵活就业对毕业生毕业去向起到分流的作用，也一定程度上缓解了当下的就业压力。数字经济的不断发展丰富了供给端的就业岗位，创造了更多灵活就业机会，为毕业生提供了更多选择。虽然"双减"政策对毕业生在教育领域灵活就业有一定影响，但它重在调整学科类应试教育，毕业生在教育领域灵活就业需要积极转型，长期来看，素质类教育的市场需求将持续增长。此外，依托于互联网平台的新零售、自媒体内容类等新业态的灵活就业也受毕业生青睐。需关注的是，对毕业生灵活就业的保障支持机制仍需不断加强和完善。

关键词： 灵活就业　新业态　保障支持　本科生

一　灵活就业比例

2021届有4.2%的本科毕业生在毕业半年后选择灵活就业，其中包括1.3%选择受雇半职工作，1.7%选择自由职业，1.2%选择自主创业。从不同院校类型来看，地方本科院校毕业生选择灵活就业的比例（4.6%）更高（见图8-1）。

疫情防控常态化下，灵活就业对毕业生毕业去向起到分流的作用，也一定程度上缓解了当下的就业压力。数字经济的不断发展丰富了供给端的就业岗位，创造了更多灵活就业机会，也为毕业生就业与发展提供更多选择。

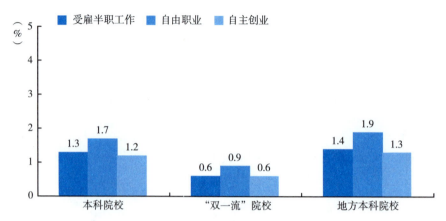

图 8-1　2021届本科毕业生各类灵活就业的比例

资料来源：麦可思－中国2021届大学毕业生培养质量跟踪评价。

教育领域仍是灵活就业毕业生相对集中的领域。受"双减"政策影响，2021届灵活就业的本科毕业生选择在教育领域就业的比例有所下降，具体来看，受雇半职工作的本科毕业生中，有45.1%服务于教育领域，自由职业的本科毕业生中有24.8%，自主创业的本科毕业生中有20.9%（见图8-2、图8-3、图8-4），比2020届分别下降6.2个、3个、4.1个百分点。"双减"政策对教培市场的调整重在学科类应试教育，倡导素质教育、科学教育，回归教育本质，毕业生在教育领域灵活就业需要积极转型。长期来看，素质类教育的市场需求将持续增长。

另外，灵活就业群体对包括写作、自由撰稿、文艺创作在内的自由职业以及依托互联网平台的新型零售模式也较为青睐，2021届选择自由职业、自主创业的本科毕业生在文化、体育和娱乐业以及零售业的比例仍然相对较高。

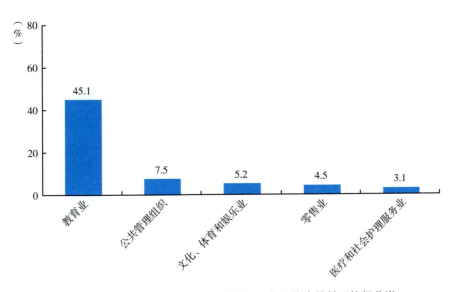

图 8-2　2021 届本科毕业生受雇半职工作最集中的前五位行业类

资料来源：麦可思－中国 2021 届大学毕业生培养质量跟踪评价。

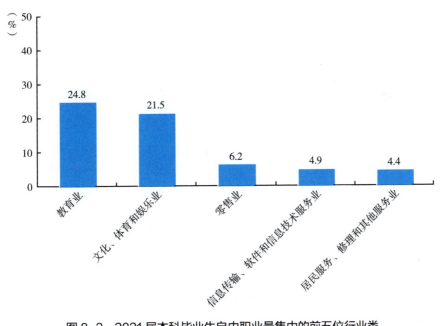

图 8-3　2021 届本科毕业生自由职业最集中的前五位行业类

资料来源：麦可思－中国 2021 届大学毕业生培养质量跟踪评价。

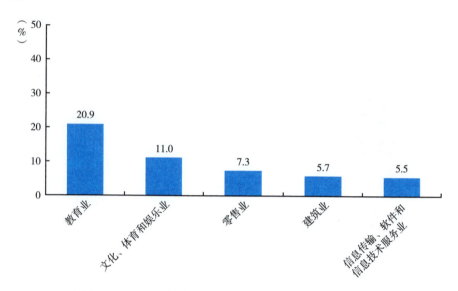

图 8-4　2021 届本科毕业生自主创业最集中的前五位行业类

资料来源：麦可思－中国 2021 届大学毕业生培养质量跟踪评价。

二　灵活就业质量

从灵活就业毕业生的就业质量来看，自主创业群体的月收入水平较高，且从业幸福感较强。2021 届选择自主创业的本科毕业生月收入为 6226 元，就业满意度为 80%，均明显高于本科毕业生平均水平（月收入为 5833 元，就业满意度为 74%）。自由职业、受雇半职工作群体的月收入相对较低，从业幸福感相对较弱（见图 8-5、图 8-6）。随着国家对灵活就业保障支持机制的不断加强和完善，灵活就业毕业生的就业质量仍有进一步提升的空间。

三　自主创业人群职业发展

随着毕业时间的延长，毕业生自主创业比例持续上升。2016 届本科毕业

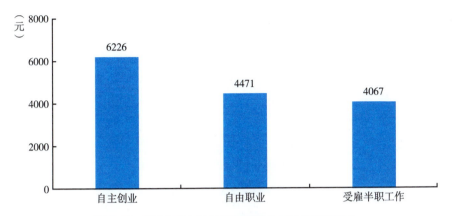

图 8-5　2021届本科各类灵活就业毕业生的月收入

资料来源：麦可思－中国2021届大学毕业生培养质量跟踪评价。

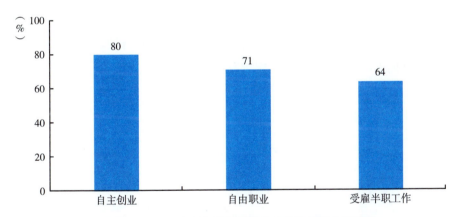

图 8-6　2021届本科各类灵活就业毕业生的就业满意度

资料来源：麦可思－中国2021届大学毕业生培养质量跟踪评价。

生在毕业半年时的自主创业比例为2.1%，到毕业三年后达到3.6%，毕业五年后自主创业比例进一步上升到了3.9%，但比2015届毕业五年内（4.3%）略有下降，这也可能与目前经济环境有关（见图8-7）。

　　自主创业群体的生存挑战仍在增加。对2018届毕业半年内自主创业的毕业生进一步跟踪发现，自主创业群体在毕业三年内有超过半数退出创业，仍然坚持创业的比例（41.5%）相比2017届同期（43.4%）进一步下降（见图

图 8-7　2016 届本科毕业生五年后自主创业的比例（与 2016 届半年后、三年后对比）

资料来源：麦可思 - 中国 2016 届大学毕业生五年后职业发展跟踪评价，2016 届大学毕业生三年后职业发展跟踪评价，2016 届大学毕业生培养质量跟踪评价。

8-8）。除了创业资金问题外，缺乏企业管理与市场推广经验也是创业群体面临的主要困难，高校创新创业教育可有针对性地侧重。

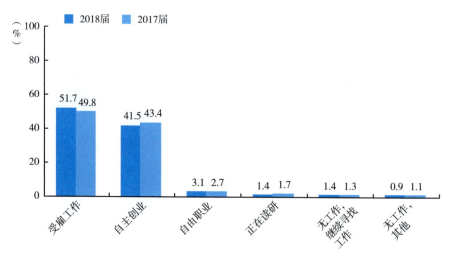

图 8-8　2018 届本科毕业半年自主创业者三年后的去向分布（与 2017 届对比）

资料来源：麦可思 - 中国 2017 届、2018 届大学毕业生三年后职业发展跟踪评价，2017 届、2018 届大学毕业生培养质量跟踪评价。

B.9
本科毕业生能力分析

摘　要：毕业生能力达成是实现高质量就业与发展的重要前提。本科毕业生能力达成效果持续提升，其中，在理解交流能力方面整体达成效果较好，亟待改进的能力多为当下产业转型升级中岗位急需的创新能力、技术能力、领导力。此外，终身学习能力对毕业生职业发展的重要程度较高，而其掌握水平仍需提升。素养提升方面，毕业生在校期间积极进取意识、乐观态度、遵纪守法均获得了较为明显的提升。

关键词：就业　职业发展　本科生

一　本科生基本工作能力评价

（一）背景介绍

工作能力：从事某项职业工作必须具备的能力，分为职业工作能力和基本工作能力。职业工作能力是从事某一职业特别需要的能力，基本工作能力是所有工作都必须具备的能力，麦可思参考美国SCANS标准，把基本工作能力分为35项。根据麦可思的工作能力分类，中国大学生可以从事的职业共600多个，对应的职业能力近万条。

五大类基本工作能力：麦可思参考美国SCANS标准，将35项基本工作能力划归为五大类型，分别是理解与交流能力、科学思维能力、管理能力、应用分析能力和动手能力（见图9-1）。

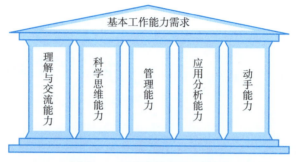

图 9-1　五大类基本工作能力

序号	五大类能力	名称	描述
		表 9-1　基本工作能力定义及序号	
1	理解与交流能力	理解性阅读	理解工作文件的句子和段落
2	理解与交流能力	积极聆听	理解对方讲话的要点，适当地提出问题
3	理解与交流能力	有效的口头沟通	交谈中有效地传递信息
4	理解与交流能力	积极学习	理解信息中的启示，用于解决问题，帮助作出决定
5	理解与交流能力	学习方法	在训练和指导工作时选择方法与程序
6	理解与交流能力	理解他人	关注并理解他人的反应
7	理解与交流能力	服务他人	积极地寻找方法来帮助他人
8	科学思维能力	针对性写作	根据读者需求有效地传递信息
9	科学思维能力	数学解法	用数学方法来解决问题
10	科学思维能力	科学分析	用科学的原理和方法来解决问题
11	科学思维能力	逻辑思维	运用逻辑推理来判定解决问题的建议、结论和方法的优缺点
12	管理能力	绩效监督	监督和评估自己、他人或组织的绩效以采取改进行动
13	管理能力	协调安排	根据他人的需要调整工作安排
14	管理能力	说服他人	说服他人改变想法或者行为
15	管理能力	谈判技能	与他人沟通并且达成一致
16	管理能力	指导他人	指导他人怎样去做一件事
17	管理能力	解决复杂的问题	识别复杂问题并查阅信息以发现和评估解决方案
18	管理能力	判断和决策	考虑各方案的成本和收益，决定最合适的方案

续表

序号	五大类能力	名称	描述
19	管理能力	时间管理	管理自己和他人的时间
20	管理能力	财务管理	决定怎样花钱以完成工作，并为这些开支记账核算
21	管理能力	物资管理	如何按照工作的特定需要获得设备、厂房和材料，以及监督其合理使用
22	管理能力	人力资源管理	在工作中激发、指导人们的工作，寻找适合各项工作的人
23	应用分析能力	设计思维	分析需求和生产的可能性以开发出新产品
24	应用分析能力	技术设计	按要求设计和修改设备与技术
25	应用分析能力	设备选择	决定使用哪一种工具和设备来做一项工作
26	应用分析能力	质量控制分析	对产品、服务或工作程序进行测试和检查以评价其质量和绩效
27	应用分析能力	操作监控	监视仪表、控制器和其他指示器以保证机器正常运行
28	应用分析能力	操作和控制	控制设备和系统的运行
29	应用分析能力	设备维护	对设备进行日常维护并决定什么时候进行何种维护
30	应用分析能力	疑难排解	判断出操作错误的产生原因并决定纠错对策
31	应用分析能力	系统分析	判定变化对一个系统运行结果的影响
32	应用分析能力	系统评估	识别系统绩效的评估方法或指标，根据系统目标制订行动来改进系统表现
33	动手能力	安装能力	按照特定要求来安装设备、机器、管线或程序
34	动手能力	电脑编程	为各种目的编写电脑程序
35	动手能力	维修机器和系统	使用必要的工具来修理机器和系统

　　基本工作能力的重要度：用于定义正在工作的大学毕业生所理解的 35 项基本工作能力在其岗位工作中的重要程度，分为"无法评估""不重要""有些重要""重要""非常重要""极其重要"六个层次，数据处理时把重要性处理为百分比，0 代表"不重要"，25% 代表"有些重要"，50% 代表"重要"，75% 代表"非常重要"，100% 代表"极其重要"。

　　工作岗位要求的工作能力水平：用于定义正在工作的大学毕业生所理解的工作对 35 项基本工作能力的要求级别，从低到高分为一到七级。一级代表

143

该能力的最低水平，取值 1/7；七级代表该能力的最高水平，取值 1。为了帮助答题人自评级别，问卷在一到七级中分别举了三个例子，以帮助答题人理解能力差别。

毕业时掌握的基本工作能力水平：用于定义正在工作的大学毕业生所理解的对 35 项基本工作能力在刚毕业时实际掌握的级别，从低到高分为一到七级。一级代表该能力的最低水平，取值 1/7；七级代表该能力的最高水平，取值 1。为了帮助答题人自评级别，问卷在一到七级中分别举了三个例子，以帮助答题人理解能力差别。

基本工作能力的满足度：毕业时掌握的基本工作能力水平满足社会初始岗位的工作要求水平的百分比，100% 为完全满足。满足度计算公式的分子是毕业时掌握的基本工作能力水平，分母是工作要求的水平。

（二）基本工作能力重要度和满足度

本科毕业生毕业时掌握的基本工作能力水平稳步提升。从近五年的数据来看，全国本科毕业生毕业时掌握的基本工作能力水平从 2017 届的 57% 上升至 2021 届的 59%。从不同院校类型来看，"双一流"院校近五年持稳，地方本科院校近五年上升 2 个百分点，2021 届均达到 59%（见图 9-2、图 9-3）。

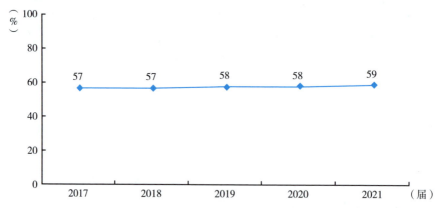

图 9-2　2017~2021 届本科毕业生毕业时掌握的基本工作能力水平

资料来源：麦可思 - 中国 2017~2021 届大学毕业生培养质量跟踪评价。

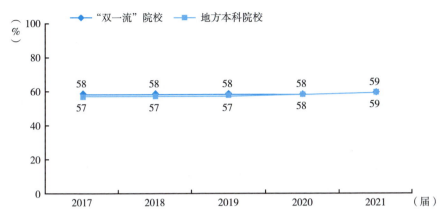

图 9-3　2017~2021 届各类本科院校毕业生毕业时掌握的基本工作能力水平

资料来源：麦可思－中国 2017~2021 届大学毕业生培养质量跟踪评价。

　　本科毕业生能力培养效果持续提升。从近五年的数据来看，全国本科毕业生的基本工作能力满足度从 2017 届的 84% 上升至 2021 届的 87%。从不同院校类型来看，"双一流"院校和地方本科院校毕业生的基本工作能力满足度整体均呈现上升趋势，2021 届分别为 86%、87%（见图 9-4、图 9-5）。

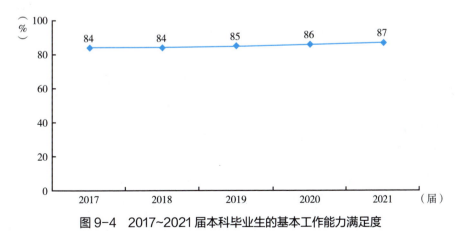

图 9-4　2017~2021 届本科毕业生的基本工作能力满足度

资料来源：麦可思－中国 2017~2021 届大学毕业生培养质量跟踪评价。

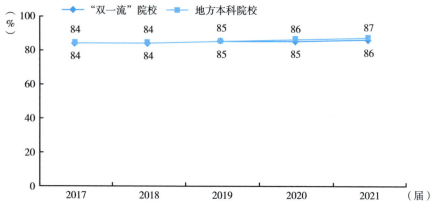

图 9-5 2017~2021届各类本科院校毕业生的基本工作能力满足度

资料来源：麦可思－中国2017~2021届大学毕业生培养质量跟踪评价。

本科毕业生在理解交流能力方面整体培养效果较好，应用分析能力及动手能力亟待改进。从毕业生各类基本工作能力的重要度和满足度评价来看，2021届本科毕业生认为理解交流能力中的积极聆听、学习方法等能力，科学思维能力中的逻辑思维、科学分析等能力，管理能力中的谈判技能、解决复杂的问题、时间管理等能力，应用分析能力中的设计思维、疑难排解等能力，动手能力中的电脑编程能力的重要度相对较高。其中，设计思维、疑难排解、电脑编程以及人力资源管理能力其满足度均相对偏低（见图9-6）。

不难看出，上述亟待改进的能力，属于当下产业转型升级中岗位急需的创新能力、技术能力、领导力，高校管理者需在传统书本内容之外，开发更多学习内容，例如，案例分析、实践项目，同时也可引入新的教学模式，例如，参与融入式学习以及实验性培训。加强产教融合，进一步强化理论与实践的匹配协调，以提升本科生实践能力、更好地适应快速变化的经济环境。

信息搜索与处理、终身学习能力在工作岗位中的需求程度最高，其中终身学习能力满足工作的比例仍相对较低。从毕业生毕业五年后各项通用能力的需求度和满足度评价来看，2016届本科毕业生认为信息搜索与处理、终身学习能力在工作中的需求度（均为72%）最高，但终身学习能力满足工作的

图 9-6　2021 届本科毕业生的各项基本工作能力的重要度和满足度

资料来源：麦可思－中国 2021 届大学毕业生培养质量跟踪评价。

比例（87%）低于其他能力（见图 9-7）。随着工作时间的延长，职场中对职业技能的要求会逐渐提高，同时随着产业的变化迭代更新，毕业生职业也持续发展和变迁，需要转变思维、持续学习。高校在注重专业能力的培养外，也需关注持续学习等可迁移能力的培养。

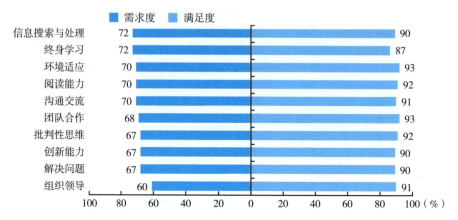

图 9-7　2016届本科毕业生毕业五年后各项通用能力的需求度和满足度

资料来源：麦可思－中国 2016 届大学毕业生五年后职业发展跟踪评价。

（三）主要职业、专业最重要的前3项基本工作能力的满足度

不同职业类、专业类最重要的基本工作能力及其达成效果有所差异。相关院校和专业可基于自身主要服务面向领域的实际需求，进一步完善能力本位的课程体系，从而更好地促进毕业生的能力达成，不断强化人才培养效果。例如，电子信息类、计算机类专业毕业生，主要从事互联网开发及应用、计算机与数据处理类职业，毕业生认为电脑编程、疑难排解能力较为重要，但其满足度均相对较低，需重点关注（见表 9-2、表 9-3）。

表 9-2　主要职业类最重要的前 3 项基本工作能力的满足度

单位：%

职业类名称	最重要的前 3 项基本工作能力	能力满足度
保险	谈判技能	85
	服务他人	87
	积极学习	89

职业类名称	最重要的前 3 项基本工作能力	能力满足度
表演艺术 / 影视	有效的口头沟通	92
	时间管理	90
	积极聆听	92
财务 / 审计 / 税务 / 统计	积极聆听	88
	有效的口头沟通	88
	时间管理	89
餐饮 / 娱乐	积极学习	92
	理解他人	93
	有效的口头沟通	93
测绘	有效的口头沟通	92
	疑难排解	91
	科学分析	93
电力 / 能源	有效的口头沟通	88
	积极学习	85
	疑难排解	81
电气 / 电子 (不包括计算机)	疑难排解	83
	学习方法	85
	技术设计	82
翻译	积极聆听	93
	积极学习	92
	有效的口头沟通	92
房地产经营	谈判技能	85
	积极学习	87
	说服他人	83
服装 / 纺织 / 皮革	有效的口头沟通	89
	积极学习	87
	解决复杂的问题	88
工业安全与质量	有效的口头沟通	86
	疑难排解	84
	质量控制分析	84

		续表
职业类名称	最重要的前3项基本工作能力	能力满足度
公安/检察/法院/经济执法	谈判技能	83
	积极聆听	83
	有效的口头沟通	84
互联网开发及应用	电脑编程	76
	疑难排解	82
	积极学习	85
环境保护	科学分析	89
	有效的口头沟通	87
	学习方法	86
机动车机械/电子	疑难排解	84
	学习方法	89
	科学分析	87
机械/仪器仪表	疑难排解	82
	科学分析	84
	积极学习	84
计算机与数据处理	电脑编程	77
	疑难排解	81
	有效的口头沟通	86
建筑工程	有效的口头沟通	86
	协调安排	86
	疑难排解	86
交通运输/邮电	积极学习	90
	有效的口头沟通	90
	疑难排解	86
金融（银行/基金/证券/期货/理财）	服务他人	88
	积极学习	88
	有效的口头沟通	86
经营管理	时间管理	82
	积极学习	87
	谈判技能	86

续表

职业类名称	最重要的前 3 项基本工作能力	能力满足度
酒店 / 旅游 / 会展	有效的口头沟通	88
	积极学习	89
	理解他人	92
律师 / 律政调查员	积极聆听	80
	积极学习	82
	针对性写作	80
媒体 / 出版	有效的口头沟通	90
	积极学习	89
	针对性写作	88
美术 / 设计 / 创意	设计思维	82
	有效的口头沟通	89
	技术设计	85
农 / 林 / 牧 / 渔类	有效的口头沟通	88
	疑难排解	85
	科学分析	89
人力资源	时间管理	88
	有效的口头沟通	87
	人力资源管理	83
社区工作者	积极聆听	88
	有效的口头沟通	87
	服务他人	86
生产 / 运营	时间管理	85
	疑难排解	86
	有效的口头沟通	85
生物 / 化工	科学分析	86
	有效的口头沟通	84
	疑难排解	84
文化 / 体育	积极学习	92
	有效的口头沟通	92
	服务他人	91

续表

职业类名称	最重要的前3项基本工作能力	能力满足度
物流/采购	谈判技能	83
	协调安排	88
	有效的口头沟通	87
销售	谈判技能	84
	积极学习	86
	有效的口头沟通	87
行政/后勤	积极聆听	90
	协调安排	89
	服务他人	90
研究人员	疑难排解	84
	积极学习	84
	科学分析	84
医疗保健/紧急救助	疑难排解	85
	有效的口头沟通	88
	积极学习	87
幼儿与学前教育	理解他人	90
	服务他人	91
	积极学习	90
职业/教育培训	积极学习	90
	有效的口头沟通	90
	指导他人	91
中等职业教育	积极学习	91
	指导他人	89
	理解他人	93
中小学教育	学习方法	88
	理解他人	90
	指导他人	90

注：个别职业类因为样本较少，没有包括在内。

资料来源：麦可思 - 中国2021届大学毕业生培养质量跟踪评价。

表 9-3　主要专业类最重要的前 3 项基本工作能力的满足度

单位：%

专业类名称	最重要的前 3 项基本工作能力	能力满足度
经济学类	积极聆听	91
	有效的口头沟通	87
	积极学习	88
财政学类	有效的口头沟通	87
	学习方法	84
	积极学习	91
金融学类	服务他人	88
	理解他人	91
	有效的口头沟通	86
经济与贸易类	积极学习	89
	谈判技能	84
	有效的口头沟通	87
法学类	谈判技能	79
	积极聆听	82
	针对性写作	82
社会学类	积极学习	86
	有效的口头沟通	87
	理解他人	89
马克思主义理论类	理解他人	90
	指导他人	90
	积极学习	87
教育学类	学习方法	88
	指导他人	90
	理解他人	90
体育学类	积极学习	93
	指导他人	94
	服务他人	94
中国语言文学类	指导他人	88
	理解他人	90
	积极学习	89

专业类名称	最重要的前3项基本工作能力	能力满足度
外国语言文学类	理解他人	92
	积极学习	89
	指导他人	89
新闻传播学类	协调安排	84
	积极学习	88
	有效的口头沟通	88
历史学类	学习方法	87
	指导他人	89
	理解他人	88
数学类	疑难排解	80
	积极学习	89
	有效的口头沟通	89
物理学类	疑难排解	80
	学习方法	89
	有效的口头沟通	91
化学类	理解他人	87
	科学分析	87
	疑难排解	84
地理科学类	理解他人	92
	学习方法	88
	有效的口头沟通	90
生物科学类	科学分析	89
	理解他人	86
	积极学习	87
心理学类	理解他人	88
	有效的口头沟通	88
	指导他人	84
统计学类	积极学习	87
	有效的口头沟通	85
	科学分析	82

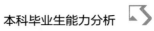

续表

专业类名称	最重要的前3项基本工作能力	能力满足度
机械类	有效的口头沟通	87
	疑难排解	83
	积极学习	86
仪器类	疑难排解	80
	科学分析	82
	积极学习	85
材料类	科学分析	85
	有效的口头沟通	86
	疑难排解	83
能源动力类	有效的口头沟通	85
	积极学习	86
	疑难排解	82
电气类	有效的口头沟通	89
	积极学习	85
	疑难排解	81
电子信息类	电脑编程	73
	疑难排解	81
	科学分析	84
自动化类	疑难排解	81
	有效的口头沟通	88
	科学分析	84
计算机类	电脑编程	78
	疑难排解	83
	积极学习	85
土木类	有效的口头沟通	86
	疑难排解	86
	协调安排	86
测绘类	有效的口头沟通	87
	疑难排解	85
	积极学习	85

续表

专业类名称	最重要的前3项基本工作能力	能力满足度
化工与制药类	有效的口头沟通	88
	积极学习	84
	科学分析	83
交通运输类	有效的口头沟通	85
	协调安排	89
	疑难排解	90
环境科学与工程类	有效的口头沟通	87
	科学分析	85
	积极学习	87
食品科学与工程类	有效的口头沟通	88
	积极学习	87
	科学分析	87
建筑类	有效的口头沟通	86
	学习方法	84
	技术设计	82
生物工程类	疑难排解	86
	积极学习	84
	科学分析	86
植物生产类	有效的口头沟通	87
	积极学习	86
	科学分析	85
临床医学类	服务他人	84
	科学分析	76
	有效的口头沟通	81
药学类	有效的口头沟通	87
	疑难排解	79
	积极学习	86
医学技术类	疑难排解	82
	积极学习	86
	科学分析	89

续表

专业类名称	最重要的前 3 项基本工作能力	能力满足度
护理学类	积极学习	89
	疑难排解	88
	服务他人	89
管理科学与工程类	谈判技能	84
	疑难排解	85
	有效的口头沟通	87
工商管理类	时间管理	90
	谈判技能	86
	有效的口头沟通	88
公共管理类	时间管理	89
	协调安排	86
	积极学习	88
物流管理与工程类	时间管理	88
	积极学习	89
	协调安排	87
电子商务类	积极学习	89
	协调安排	90
	有效的口头沟通	86
旅游管理类	积极聆听	92
	理解他人	91
	服务他人	92
音乐与舞蹈学类	积极学习	91
	指导他人	91
	有效的口头沟通	90
戏剧与影视学类	理解他人	93
	积极聆听	93
	有效的口头沟通	92
美术学类	学习方法	90
	有效的口头沟通	90
	指导他人	93

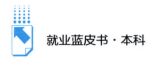

		续表
专业类名称	最重要的前3项基本工作能力	能力满足度
设计学类	设计思维	83
	学习方法	88
	技术设计	87

注：个别专业类因为样本较少，没有包括在内。
资料来源：麦可思－中国2021届大学毕业生培养质量跟踪评价。

二 在校素养提升

素养提升：由毕业生选择大学帮助自己在哪些方面素养得到明显提升。一个毕业生可选择多项，也可选择"没有任何帮助"。工程类、艺术类、医学类、商科类专业在素养培养上有各自的特点，故这里的素养选项有所不同，具体描述见表9-4。

表9-4 不同类型专业素养提升选项

专业类型	素养提升选项	专业类型	素养提升选项
工程类	诚实守信	医学类	包容精神
	工程安全		诚实守信
	关注社会		关注社会
	环境意识		积极努力、追求上进
	积极努力、追求上进		健康卫生
	开拓创新		科学态度
	乐于助人		乐于助人
	人生的乐观态度		人生的乐观态度
	团队合作		职业道德
	遵纪守法		遵纪守法
艺术类	包容精神	商科类	包容精神
	诚实守信		诚实守信
	创新精神		环境意识

专业类型	素养提升选项	专业类型	素养提升选项
艺术类	关注社会	高科类	积极努力、追求上进
	环境意识		乐于助人
	积极努力、追求上进		人生的乐观态度
	乐于助人		商业道德
	人生的乐观态度		社会责任
	艺术修养		团队合作
	遵纪守法		遵纪守法
其他类	包容精神		
	诚实守信		
	关注社会		
	环境意识		
	积极努力、追求上进		
	乐于助人		
	勤俭朴素		
	人生的乐观态度		
	人文美学		
	遵纪守法		

续表

　　立德树人是高校人才培养的根本任务，对学生在校期间的素养提升情况需持续关注。整体来看，大学帮助毕业生在"积极努力、追求上进""人生的乐观态度""遵纪守法"等方面均获得了明显提升。毕业生在校期间所培养和提升的乐观向上、积极进取等素养有助于他们在毕业季完成自我角色转换，做好就业心理准备。此外，不同专业在素养培养上表现的特点有所差异，具体如下。

　　对于工程类专业来说，成果导向的工程教育要求工程人才不仅应懂得运用所学知识解决实际工程问题，还应具备相应的职业素养，包括团队协作、对社会和环境的责任、法律意识等。从数据来看，2021届本科工程类专业有98%的毕业生认为大学帮助自己获得了素养上的提升，各项素养均高于2020

届。其中,"团队合作""遵纪守法""关注社会""环境意识""工程安全"素养提升的比例分别为72%、71%、57%、50%、49%(见图9-8)。目前"工程安全""环境意识"方面培养成效(分别为49%、50%)仍相对较弱,相关专业可关注所开设课程对相关素养提升的支撑情况。

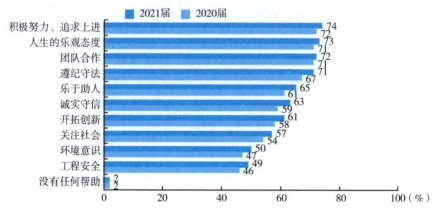

图9-8 2021届本科工程类专业毕业生大学期间的素养提升(多选)

资料来源:麦可思-中国2021届大学毕业生培养质量跟踪评价。

艺术类专业在校期间艺术修养提升最为明显。从数据来看,2021届本科艺术类专业有97%的毕业生认为大学帮助自己获得了素养上的提升,多数素养均高于或基本持平于2020届。其中,认为在校期间大学对自己素养提升较高的方面为"艺术修养"(78%)、"积极努力、追求上进"(73%)、"人生的乐观态度"(73%)、"遵纪守法"(71%)(见图9-9)。

医学类专业毕业生在校期间积极进取、遵纪守法、乐观态度方面提升更为明显。从数据来看,2021届本科医学类专业有98%的毕业生认为大学帮助自己获得了素养上的提升,各项素养均高于或基本持平于2020届。其中,认为在校期间大学对自己素养提升较高的方面为"积极努力、追求上进"(76%)、"遵纪守法"(75%)、"人生的乐观态度"(74%)。另外,"科学态度""健康卫生"素养提升比例(均为48%)均相对较低,相关专业可关注所开设课程以及临床实践对相关素养提升的支撑情况(见图9-10)。

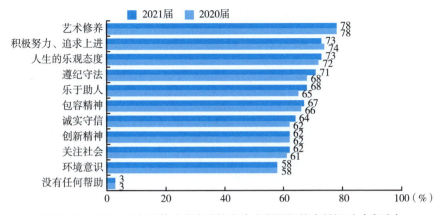

图 9-9　2021 届本科艺术类专业毕业生大学期间的素养提升（多选）

资料来源：麦可思 - 中国 2021 届大学毕业生培养质量跟踪评价。

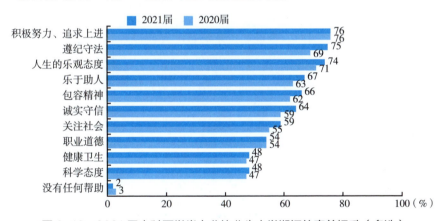

图 9-10　2021 届本科医学类专业毕业生大学期间的素养提升（多选）

资料来源：麦可思 - 中国 2021 届大学毕业生培养质量跟踪评价。

商科类专业在校期间积极进取、乐观态度、遵纪守法、团队合作方面提升更为明显。从数据来看，2021 届本科商科类专业有 98% 的毕业生认为大学帮助自己获得了素养上的提升，各项素养均高于或基本持平于 2020 届。其中，认为在校期间大学对自己素养提升较高的方面为"积极努力、追求上进"（73%）、"人生的乐观态度"（71%）、"遵纪守法"（69%）、"团队合作"（69%）。另外，"商业道德"素养提升比例（43%）相对较低，相关专业可进一步完善课程内容体系，强化学生的商业道德意识（见图 9-11）。

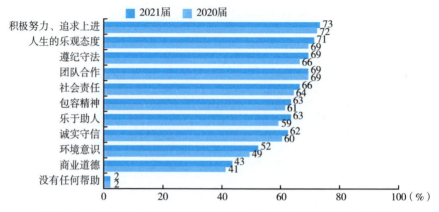

图9-11　2021届本科商科类专业毕业生大学期间的素养提升（多选）

资料来源：麦可思－中国2021届大学毕业生培养质量跟踪评价。

其他类专业在校期间积极进取、乐观态度方面提升更为明显。从数据来看，2021届本科其他类专业有98%的毕业生认为大学帮助自己获得了素养上的提升，各项素养均高于2020届。其中，认为在校期间大学对自己素养提升较高的方面为"积极努力、追求上进"（75%）、"人生的乐观态度"（73%）（见图9-12）。

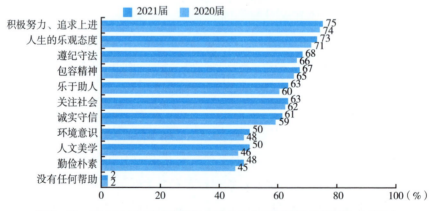

图9-12　2021届本科其他类专业毕业生大学期间的素养提升（多选）

注：此处其他类专业是指本科除工程类、艺术类、医学类、商科类之外的专业。
资料来源：麦可思－中国2021届大学毕业生培养质量跟踪评价。

B.10
本科毕业生对学校的满意度分析

摘　要： 校友评价对高校改进教学、优化学生在校体验、提升办学水平具有重要参考作用。通过对校友满意度、学生工作与服务满意度的分析发现，毕业生对母校的满意度稳步提升，反映出毕业生对高校教育教学与服务水平的认可程度进一步提升。与此同时，毕业生对母校教学的满意度持续上升，本科教学工作持续优化。需要关注的是，疫情以来，实践教学的开展受到较大影响，疫情防控常态化下，需探索不同的实践教学模式；线上教学的技术平台、实施条件还有待持续改善。在求职、学生工作、生活服务上满意度提升较多。

关键词： 母校满意度　高等教育　本科生

一　对母校的总体满意度

毕业生对母校的满意度[①]稳步提升，反映了本科生对高校教育教学与服务水平的认可。从近五年的数据来看，毕业生对母校的满意度从2017届的93%上升到2021届的95%，持续保持在90%以上的水平。从不同院校类型

[①] **对母校的总体满意度：** 由毕业生回答对母校的总体满意度，选项有"很满意""满意""不满意""很不满意""无法评估"共五项。其中，"满意""很满意"属于满意的范围，"不满意""很不满意"属于不满意的范围。对母校的总体满意度是回答满意范围的人数百分比，计算公式的分子是回答满意范围的人数，分母是回答不满意范围和满意范围的总人数。

来看，"双一流"院校和地方本科院校毕业生对母校的满意度均有所提升，2021届均达到95%（见图10-1、图10-2）。

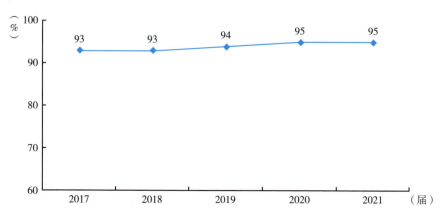

图 10-1　2017~2021 届本科毕业生对母校的总体满意度变化趋势

资料来源：麦可思－中国 2017~2021 届大学毕业生培养质量跟踪评价。

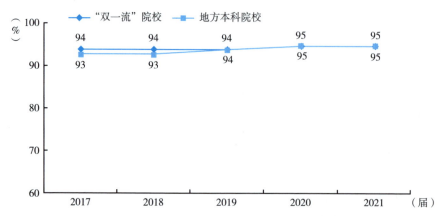

图 10-2　2017~2021 届各类型本科院校毕业生对母校的总体满意度变化趋势

资料来源：麦可思－中国 2017~2021 届大学毕业生培养质量跟踪评价。

二 学生服务满意度

（一）教学满意度

教学满意度 [①] 持续上升，本科教学工作持续优化。从近五年的数据来看，毕业生对母校教学的满意度持续上升，从 2017 届的 88% 提升到 2021 届的 93%。从不同院校类型来看，"双一流"院校、地方本科院校的教学满意度均表现出持续上升的趋势，在 2021 届均达到 93%（见图 10-3、图 10-4）。疫情以来，在线课的开展对教学工作开展起到了保障作用。

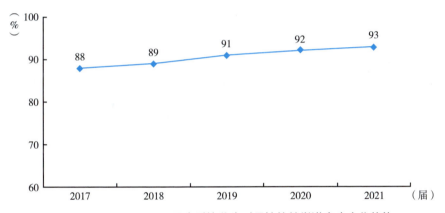

图 10-3　2017~2021 届本科毕业生对母校的教学满意度变化趋势

资料来源：麦可思－中国 2017~2021 届大学毕业生培养质量跟踪评价。

疫情以来，实践教学的开展受到较大影响，2020 届和 2021 届分别有 64%、62% 的毕业生认为实习和实践环节不够，较 2019 届（59%）明显增多，实践教学是本科教学工作的重要环节，疫情防控常态化下，需探索不同的实践教学模式。

另外，调动学生学习兴趣和课程内容更新相比 2020 届有所改善，但也是毕业生期待改进较多的方面，仍需持续完善。需要注意的是，2021 届毕业生

---

① **教学满意度：** 由毕业生回答对母校的教学满意度，选项有"很满意""满意""不满意""很不满意""无法评估"共五项。其中，"满意""很满意"属于满意的范围，"不满意""很不满意"属于不满意的范围。教学满意度是回答满意范围的人数百分比，计算公式的分子是回答满意范围的人数，分母是回答不满意范围和满意范围的总人数。

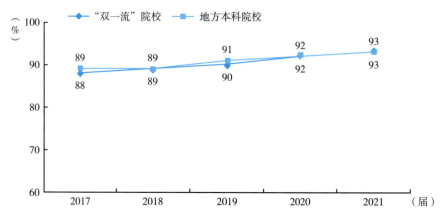

图 10-4 2017~2021 届各类本科院校毕业生对母校的教学满意度变化趋势

资料来源：麦可思 - 中国 2017~2021 届大学毕业生培养质量跟踪评价。

认为多媒体、网络教学效果不好的比例（21%）比 2020 届（19%）有所上升，在疫情防控常态化下，线上教学的技术平台、实施条件还有待持续改善（见图 10-5）。

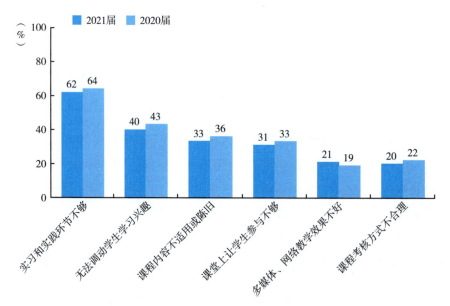

图 10-5 2020 届、2021 届本科毕业生认为母校的教学需要改进的地方

资料来源：麦可思 - 中国 2020 届、2021 届大学毕业生培养质量跟踪评价。

（二）核心课程评价

本科课程设置与实际工作岗位需求整体匹配程度保持平稳。从近五年的数据来看，本科工作与专业相关毕业生的核心课程重要度[①]均保持在86%的水平。从不同院校类型来看，地方本科院校核心课程重要度评价持续高于"双一流"院校，其核心课程重要度基本持稳（见图10-6、图10-7）。

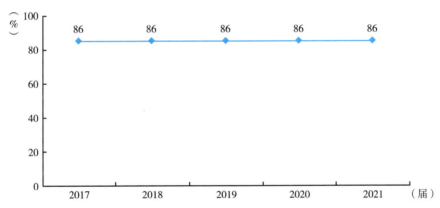

图10-6　2017~2021届本科工作与专业相关毕业生的核心课程重要度变化趋势

资料来源：麦可思-中国2017~2021届大学毕业生培养质量跟踪评价。

核心课程培养效果逐年提升。从近五年的数据来看，本科工作与专业相关毕业生核心课程满足度[②]稳步提升，从2017届的75%上升至2021届的84%，上升了9个百分点。从不同院校类型来看，"双一流"院校、地方本科院校课程培养效果均有明显提升，核心课程满足度五年内分别上升8个、9个百分点（见图10-8、图10-9）。

---

① **课程重要度**：由从事专业相关工作的毕业生判定课程在自己的工作中是否重要。毕业生对课程于工作的重要度评价分为"无法评估""不重要""有些重要""重要""非常重要""极其重要"，其中"有些重要""重要""非常重要""极其重要"属于重要的范围。

② **课程满足度**：回答了课程"有些重要"到"极其重要"的毕业生会被要求回答课程训练是否满足工作要求，满足度指标是回答某课程能满足工作要求者的百分比。计算公式的分子是回答"满足"的人数，分母是回答"满足"和"不满足"的总人数。

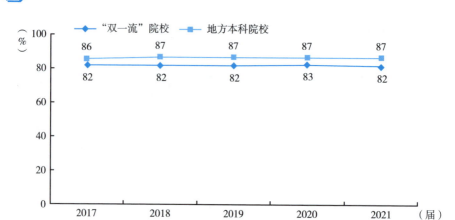

图10-7　2017~2021届各类本科院校工作与专业相关毕业生的
核心课程重要度变化趋势

资料来源：麦可思－中国2017~2021届大学毕业生培养质量跟踪评价。

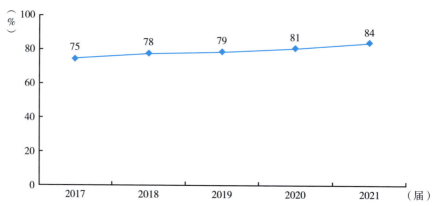

图10-8　2017~2021届本科工作与专业相关毕业生的核心课程满足度变化趋势

资料来源：麦可思－中国2017~2021届大学毕业生培养质量跟踪评价。

　　从不同学科门类来看，历史学核心课程重要度及满足度均最高，工学核心课程重要度及满足度均相对较低，经济学核心课程重要度较低。具体来看，历史学的核心课程重要度和满足度评价（分别为95%、92%）均达到九成以上。工学的核心课程重要度和满足度评价（分别为81%、80%）排名靠后，课程是达成毕业要求的基本单元，工学专业需进一步梳理课程体系，结合行

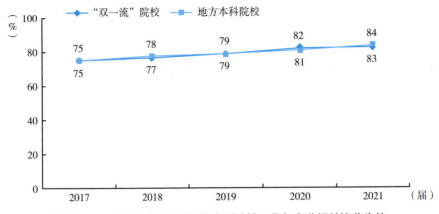

图 10-9　2017~2021 届各类本科院校工作与专业相关毕业生的核心课程满足度变化趋势

资料来源：麦可思－中国 2017~2021 届大学毕业生培养质量跟踪评价。

业发展变化需求，加强课程体系建设效果，提升课程对毕业要求和培养目标达成的支撑度。经济学的核心课程重要度（80%）偏低，需结合毕业生所面向的行业领域的发展变化，了解行业对毕业生的能力胜任需求，进一步改善课程设置（见图 10-10）。

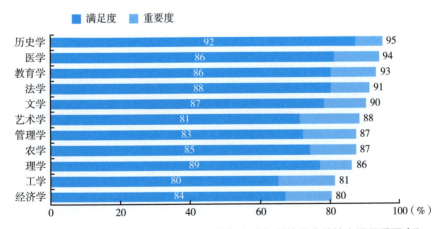

图 10-10　2021 届本科各学科门类工作与专业相关毕业生的核心课程重要度和满足度评价

注：个别学科门类因为样本较少，没有包括在内。

资料来源：麦可思－中国 2021 届大学毕业生培养质量跟踪评价。

（三）师生交流频度

地方本科院校毕业生与任课教师课下交流更为频繁。具体来看，2021届有53%的毕业生与任课教师"每周至少一次"或"每月至少一次"课下交流，其中地方本科院校毕业生与任课教师"每周至少一次"或"每月至少一次"课下交流程度（55%）高于"双一流"院校这一比例（43%）。一流本科专业建设"双万计划"中强调坚持学生中心，在落实学生学习指导工作上，任课教师负主体责任。相关院校可建立健全相关工作机制，进一步提升师生之间的有效互动与交流。

从不同学科门类来看，与任课教师"每周至少一次"或"每月至少一次"课下交流程度较高的是艺术学（75%）、教育学（67%），较低的是医学（39%）（见图10-11、图10-12）。

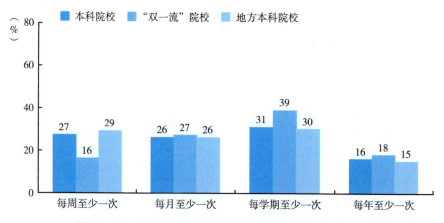

图10-11　2021届本科毕业生与任课教师课下交流程度

资料来源：麦可思-中国2021届大学毕业生培养质量跟踪评价。

（四）求职服务满意度

就业指导服务是高校学生服务工作的重要事项。数据显示，疫情以来，高校就业指导相关工作成效显著，本科毕业生对母校就业指导服务的满意

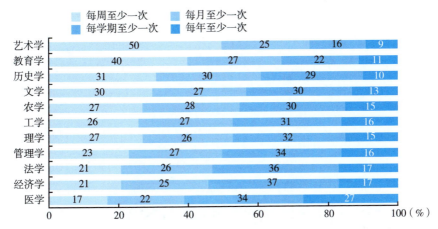

图 10-12　2021 届本科各学科门类毕业生与任课教师课下交流程度

注：个别学科门类因为样本较少，没有包括在内。

资料来源：麦可思 - 中国 2021 届大学毕业生培养质量跟踪评价。

度①持续上升，就业指导工作开展效果改善明显。从近五年的数据来看，毕业生对母校就业指导服务的满意度由 2017 届的 79% 逐年上升至 2021 届的 88%，五年内上升了 9 个百分点。

从不同院校类型来看，"双一流"院校、地方本科院校均表现出持续上升的趋势，"双一流"院校毕业生对就业指导服务工作的认可程度更高，地方本科院校与"双一流"院校的差距逐渐缩小，2021 届"双一流"院校、地方本科院校就业指导服务满意度分别达到 90%、88%（见图 10-13、图 10-14）。

---

① **就业指导服务满意度**：由毕业生回答对母校就业指导服务的满意度，选项有"很满意""满意""不满意""很不满意""无法评估"共五项。其中，"满意""很满意"属于满意的范围，"不满意""很不满意"属于不满意的范围。就业指导服务满意度是回答满意范围的人数百分比，计算公式的分子是回答满意范围的人数，分母是回答不满意范围和满意范围的总人数。

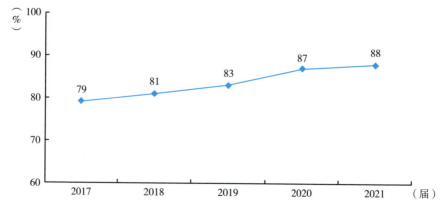

图 10-13　2017~2021 届本科毕业生对就业指导服务的满意度变化趋势

资料来源：麦可思－中国 2017~2021 届大学毕业生培养质量跟踪评价。

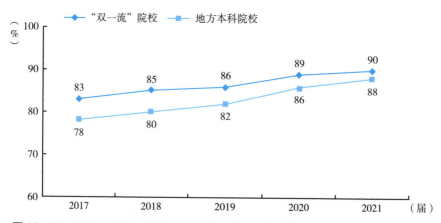

图 10-14　2017~2021 届各类本科院校毕业生对就业指导服务的满意度变化趋势

资料来源：麦可思－中国 2017~2021 届大学毕业生培养质量跟踪评价。

　　从学校开展的具体求职服务来看，超过八成（83%）毕业生接受过母校提供的求职服务。其中，参与最多的是"大学组织的线下招聘会"（58%），较 2020 届（49%）上升了 9 个百分点；其次是"职业发展规划"（34%），与 2020 届（35%）基本持平。此外，毕业生参与"大学组织的线上招聘会"的比例（29%）较 2020 届（39%）下降了 10 个百分点。国内疫情防控"动态清零"，使得部分地区线下招聘会重新焕发了生机。

从求职服务效果来看，毕业生对"辅导求职技能"的有效性评价（93%）最高，对"职业发展规划"的有效性评价（85%）相对较低；对"大学组织的线上招聘会"的有效性评价（87%）比2020届（82%）提升明显（见图10-15）。高校求职服务整体上得到了毕业生的高度认可，线上招聘活动的组织开展工作可持续完善，以不断拓展就业服务工作边界，从而更好地促进毕业生的就业落实与发展。

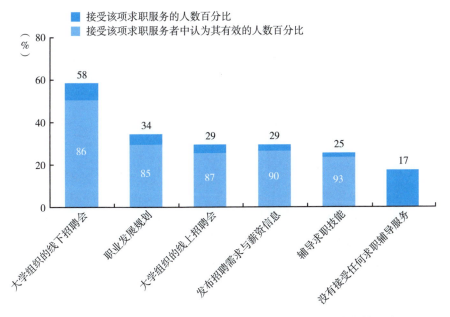

图10-15　2021届本科毕业生接受过求职服务的比例及有效性评价

资料来源：麦可思－中国2021届大学毕业生培养质量跟踪评价。

从毕业生获得第一份工作的渠道来看，半数以上本科毕业生通过"本大学的招聘活动或发布的招聘信息"（28%）和"通过专业求职网站（包括App、论坛、微信公众号等）"（28%）获得第一份工作。此外，疫情以来本科毕业生通过校园渠道（招聘会、顶岗实习等）获得第一份工作的比例有所上升，通过专业求职网站获得第一份工作的比例也有提升，政府及高校在促进大学生顺利就业方面发挥了有效的支撑作用（见图10-16）。

图 10-16　2021 届本科毕业生获得第一份工作的渠道分布

资料来源：麦可思 – 中国 2021 届大学毕业生培养质量跟踪评价。

（五）学生工作满意度

　　毕业生对母校学生工作的满意度[①]持续上升，育人工作效果持续改善。从近五年的数据来看，毕业生对学生工作的满意度由 2017 届的 86% 上升到了 2021 届的 91%，特别是疫情以来提升明显，学生工作的开展成效进一步体现。从不同院校类型来看，"双一流"院校、地方本科院校毕业生对母校学生工作的满意度均表现出持续上升的趋势，在 2021 届分别达到 90%、91%（见图 10-17、图 10-18）。

　　另外，在毕业生对母校学生工作的改进反馈中，2021 届毕业生认为"与辅导员或班主任接触时间太少"的比例（39%）较疫情前明显下降，说明高校在该方面的工作改善效果明显（见图 10-19）。

[①]　**学生工作满意度**：由毕业生回答对母校的学生工作满意度，选项有"很满意""满意""不满意""很不满意""无法评估"共五项。其中，"满意""很满意"属于满意的范围，"不满意""很不满意"属于不满意的范围。学生工作满意度是回答满意范围的人数百分比，计算公式的分子是回答满意范围的人数，分母是回答不满意范围和满意范围的总人数。

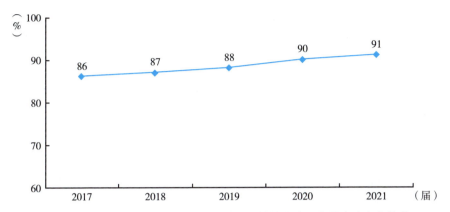

图 10-17　2017~2021 届本科毕业生对母校的学生工作满意度变化趋势

资料来源：麦可思－中国 2017~2021 届大学毕业生培养质量跟踪评价。

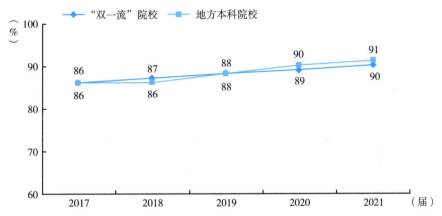

图 10-18　2017~2021 届各类本科院校毕业生对母校的学生工作满意度变化趋势

资料来源：麦可思－中国 2017~2021 届大学毕业生培养质量跟踪评价。

（六）生活服务满意度

毕业生对母校生活服务的满意度[①]持续上升，后勤服务工作开展成效进一

[①]　**生活服务满意度**：由毕业生回答对母校的生活服务满意度，选项有"很满意""满意""不满意""很不满意""无法评估"共五项。其中，"满意""很满意"属于满意的范围，"不满意""很不满意"属于不满意的范围。生活服务满意度是回答满意范围的人数百分比，计算公式的分子是回答满意范围的人数，分母是回答不满意范围和满意范围的总人数。

图10-19　2019~2021届本科毕业生认为母校的学生工作需要改进的地方

资料来源：麦可思－中国2019~2021届大学毕业生培养质量跟踪评价。

步显现。从近五年的数据来看，毕业生对生活服务的满意度由2017届的88%上升到2021届的92%，五年之内上升了4个百分点，已达到90%以上的水平。其中，"双一流"院校、地方本科院校毕业生对母校生活服务的满意度均呈现出稳步上升的趋势，在2021届均达到92%（见图10-20、图10-21）。

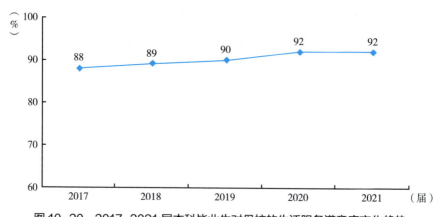

图10-20　2017~2021届本科毕业生对母校的生活服务满意度变化趋势

资料来源：麦可思－中国2017~2021届大学毕业生培养质量跟踪评价。

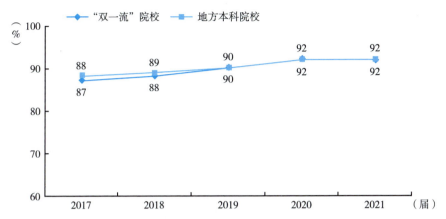

图 10-21　2017~2021 届各类本科院校毕业生对母校的生活服务满意度变化趋势

资料来源：麦可思 – 中国 2017~2021 届大学毕业生培养质量跟踪评价。

　　另外，均有超过三成的本科生表示希望母校食堂饭菜质量及服务、洗浴服务、宿舍服务进一步改进，这也是影响本科生在校生活体验的重要因素，高校可有针对性地改善。值得注意的是，疫情以来，本科生对母校医院或医务室服务改进的诉求持续下降，说明高校后勤医疗服务工作有明显改善（见图 10-22）。

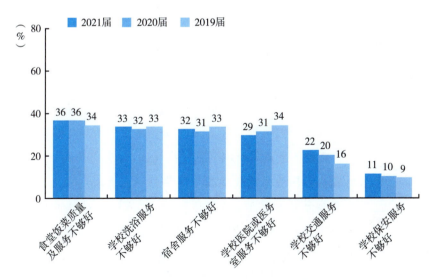

图 10-22　2019~2021 届本科毕业生认为母校的生活服务需要改进的地方

资料来源：麦可思 – 中国 2019~2021 届大学毕业生培养质量跟踪评价。

专题报告

Special Reports

B.11

疫情防控常态化背景下本科生就业供需结构变化

摘　要：新冠肺炎疫情以来硕士研究生进一步扩招，应届本科毕业生读研比例上升的同时，再次考研的群体人群上升较快，地方本科院校毕业生首次考研失利的情况更为普遍。除了考研群体面临激烈竞争外，就业群体也面临新的变化和挑战，其中，"双减"政策下教育培训机构对毕业生的吸纳数量下降较多；互联网领域业务、岗位优化调整力度加大，从业门槛提高；疫情防控常态化时期服务行业依然面临阶段性影响。另外，制造业保持稳步发展，为毕业生就业提供了保障，但工科专业人才培养环节仍需改进。

关键词：疫情防控常态化　去向分布　行业变化　人才培养　本科生

"十四五"时期现代产业体系将进一步加快发展，产业转型升级持续深入推进，这对高校人才培养环节提出了更高要求；与此同时，自疫情以来部分行业受到较大冲击，给高校毕业生的就业与发展带来挑战。毕业生就业有什么变化特点？高校人才培养以及就业指导工作需要做什么适应性改进？

本专题将通过分析本科毕业生的去向分布变化、在主要行业就业的变化特点，了解人才培养过程中可能存在的不足，从而为高校人才培养工作的持续改进提供参考方向。

一 毕业生去向分布变化

读研比例提升较快，研究生就业压力增加。当前就业总量压力持续高位运行，且局部地区疫情反弹等因素给毕业生去向落实增加了难度。但与此同时，由于硕士研究生的扩招，应届本科毕业生读研比例增加，缓解了当前就业总量的压力，对就业起到了缓冲作用。数据显示，应届本科毕业生在中国境内读研的比例从 2017 届的 14.1% 逐年上升至 2021 届的 17.2%，五年内上升了 3.1 个百分点；而港澳台深造或国外留学比例受疫情等因素影响下降明显，从 2017 届的 2.3% 下降至 2021 届的 1.2%（见表 11-1）。当然需要注意的是，伴随着研究生扩招，近年来毕业研究生人数逐年增加（2019~2021 年毕业研究生人数分别为 64.0 万人、72.9 万人、77.3 万人[1]），对研究生的培养与就业质量也需要给予持续关注。

表 11-1 2017~2021 届本科毕业生国内外读研的比例变化趋势

单位：%

去向类型	2021 届	2020 届	2019 届	2018 届	2017 届
中国境内读研	17.2	16.4	15.2	14.7	14.1
港澳台深造或国外留学	1.2	1.6	2.2	2.1	2.3

注：2021 届毕业去向中的"国内外读研"除了表中的两类去向外，还包括"读第二学士学位"。

资料来源：麦可思 - 中国 2017~2021 届大学毕业生培养质量跟踪评价。

---

[1] 资料来源于国家统计局网站。

考研竞争更加激烈，地方本科院校再次考研的群体人数上升较快。近年来硕士研究生报考人数屡创新高，竞争越来越激烈，2021 年达到 377 万人，五年内报名人数翻了近一倍[①]。激烈的竞争使得首次考研失利的情况增加，2021 届本科毕业生中，准备考研（不就业，脱产备考）的比例为 6.1%；其中，二次考研的比例达到 4.9%，较前两届同期（2019 届为 3.4%，2020 届为 4.3%）有所上升（见表 11-2）。进一步从不同院校类型来看，地方本科院校毕业生二次考研比例相对较高，且相比"双一流"院校上升更快，2021 届毕业生二次考研比例达到 5.0%，比 2019 届同期（3.5%）高了 1.5 个百分点，这也反映了就业压力大，毕业生更希望通过研究生学历增加就业竞争力；除医学、法学外，经济学专业尤为凸显，需给予关注。

表 11-2　2019~2021 届本科毕业生二次考研的比例变化趋势

单位：%

院校类型	2021 届	2020 届	2019 届
本科院校	4.9	4.3	3.4
"双一流"院校	3.7	3.3	2.9
地方本科院校	5.0	4.4	3.5

资料来源：麦可思－中国 2019~2021 届大学毕业生培养质量跟踪评价。

地方本科院校需对低收入家庭和农村家庭毕业生的求职给予更多关注和帮扶。对于地方本科院校而言，不同家庭背景（农村、非农村）学生的毕业落实意向存在差异，需有针对性地予以帮扶。其中，农村家庭毕业生（2021届占 44%）以直接就业为主，正在求职的比例（2021 届为 3.4%）高于非农村家庭毕业生（2021 届为 2.9%），其求职可能存在一定困难，需给予更多关注和支持；非农村家庭毕业生读研意愿更强（2021 届境内读研比例为 13.9%，准备考研比例为 7.9%，农村家庭毕业生分别为 13.1%、4.5%），需在考研规划与复习备考方面给予相应指导。

政策性岗位开拓是暂时的，需关注市场化岗位的需求变化。疫情下教育

① 　资料来源于中国教育在线发布的《2021 年全国研究生招生调查报告》。

系统、政府机关、国有企业等领域开拓政策性岗位助力毕业生就业，扩大了对应届毕业生的吸纳。当然需要注意的是，政策性岗位的开拓是暂时性的，对毕业生的吸纳数量趋于饱和，其中公办中小学校在 2020 年政策性扩招后，2021 年对应届毕业生的吸纳数量已开始下降（2019~2021 届本科毕业生在公办中小学校就业的比例分别为 6.1%、6.4%、5.3%）。本科毕业生就业单位类型以民营企业为主（2021 届为 53%），且其中超过半数为中小型企业，就业落实效果受市场环境、市场需求变化的影响较大。促进毕业生毕业落实的稳定，需要特别关注市场化岗位的供需和拓展情况。因此，了解疫情以来毕业生主要就业行业的发展与变化特点必不可少。

二 疫情以来主要行业就业趋势

（一）"双减"政策下，在教育培训机构就业的毕业生面临新选择

"双减"政策影响下本科毕业生在大型教育培训机构就业的比例下降很多。教育业是应届本科毕业生就业量最大的行业类，其中在教育培训机构（含学科类、素质类培训机构以及非公办中小学教育机构，下同）就业的比例在过去几年内一直呈上升趋势，2020 届已接近 8%。伴随着 2021 年 7 月"双减"政策的出台，教育培训机构面临重大业务结构调整，2021 届本科毕业生在教育培训机构就业的比例（6.0%）相比 2020 届（7.9%）明显下降；其中，毕业生在大型教育培训机构就业的比例下降幅度更大，2021 届（0.9%）已不足 1%，相比 2020 届（2.0%）下降超过一半（见表 11-3）。

表 11-3　2019~2021 届本科毕业生在教育培训机构就业的比例变化趋势

单位：%

就业行业	2021 届	2020 届	2019 届
教育培训机构	6.0	7.9	7.6
其中：中小型教育培训机构	4.1	4.7	4.9
大型教育培训机构	0.9	2.0	1.5

资料来源：麦可思 - 中国 2019~2021 届大学毕业生培养质量跟踪评价。

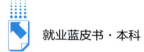

教培机构毕业生半数以上流出，分流至中小学、政府机关、新职业类等多个领域。"双减"政策在影响应届毕业生求职选择的同时，也让已在教育培训机构就业的毕业生面临重新选择。数据显示，2018届毕业后就业于教育培训机构的本科毕业生中，在毕业三年后（2021年）依然留在教育培训机构的不足一半（45.8%），相比2017届同期（52.6%）下降较多；流向体制内单位的数量增加，其中近两成（19.8%）进入公办中小学校，6.7%进入政府及公共管理机构，较2017届同期（分别为18.3%、2.4%）均有不同程度的上升（见表11-4）；另外流向信息技术、制造、金融、零售、设计咨询等领域的比例均高于2017届，职业特点集中于技术类、运营类、内容创作类、服务类等数字经济发展催生的新职业类。

表11-4 2017届、2018届在教育培训机构就业的本科毕业生三年后流向分布 单位：%		
毕业三年后流向	2018届	2017届
教育培训机构	45.8	52.6
公办中小学校	19.8	18.3
政府及公共管理机构	6.7	2.4
信息传输、软件和信息技术服务业	4.9	3.0
制造业	4.9	3.7
文化、体育和娱乐业	2.9	3.3
金融业	1.6	1.3
零售业	1.6	1.1
各类专业设计与咨询服务业	1.4	1.1
其他行业合计	10.4	13.2

资料来源：麦可思－中国2017届、2018届大学毕业生三年后职业发展跟踪评价，2017届、2018届大学毕业生培养质量跟踪评价。

学科类、语言类专业需要注重拓宽毕业生去向落实的适应面。在教育培训机构就业的本科毕业生主要来自文学、艺术等专业类别（见表11-5），其中数学类、外国语言文学类专业毕业生受到的影响相对较大，2021届毕业落实率相比 2020 届分别下降了 1.8 个、1.9 个百分点，这也和大量学科类培训机构在"双减"政策下面临裁员或业务方向调整有关。对此，相关院校和专业可针对自身培养口径较宽的特点，进一步梳理专业培养定位，完善培养过程，并根据学生不同的毕业去向打算（考研、考编、考公务员或在其他相关行业领域求职），有针对性地给予规划和指导服务，从而更大程度拓宽毕业生的适应面。

表 11-5　2021 届在教育培训机构就业本科毕业生的主要专业类构成

单位：%

专业类名称	所占比例
外国语言文学类	12.2
教育学类	9.8
音乐与舞蹈学类	9.8
中国语言文学类	7.0
体育学类	5.3
美术学类	5.2
数学类	4.8

资料来源：麦可思－中国 2021 届大学毕业生培养质量跟踪评价。

（二）互联网领域业务、岗位优化调整，对毕业生提出了更高要求

本科毕业生在中小型互联网企业就业的比例下降。应届本科毕业生在信息传输、软件和信息技术服务业就业的比例（2021 届为 9.2%）仅次于教育业排在第二位，其中以互联网相关行业（包含软件开发业、数据处理、互联网运营、网络搜索引擎等领域，以下统称为"互联网行业"）为主，2021 届达到 8.3%。进一步结合所在单位的类型看，毕业生主要集中在民营互联网企业（以下提到的互联网企业，均限定于民营企业），其中在中小型互联网企业就业的比例下降，2021 届（2.9%）相比 2020 届（3.4%）下降幅度达到 15%；在大型互联网企业就业的比例有所上升，2021 届（2.7%）比 2020 届（2.1%）高了 0.6 个百分点（见表 11-6）。

表 11-6 2019~2021 届本科毕业生在民营互联网企业就业的比例变化趋势

单位：%

就业领域	2021 届	2020 届	2019 届
民营互联网企业	6.9	6.7	6.0
其中：中小型互联网企业	2.9	3.4	3.1
大型互联网企业	2.7	2.1	1.9

资料来源：麦可思－中国 2019~2021 届大学毕业生培养质量跟踪评价。

互联网企业的初始技术岗位占比下降。疫情防控常态化下互联网企业进一步优化调整自身业务，这使得岗位结构也相应变化。从在互联网相关领域就业本科毕业生的主要岗位构成来看，初始技术岗位占比下降（如从事计算机程序员的比例从 2019 届的 15.1% 下降至 2021 届的 12.3%）（见表 11-7）。

表 11-7 2019~2021 届在民营互联网企业就业本科毕业生的主要岗位构成

单位：%

主要岗位构成	2021 届	2020 届	2019 届
互联网开发及应用	40.9	38.7	38.0
其中：设计／开发、信息安全、网络管理相关岗位	33.7	31.0	30.2
电子商务、游戏、搜索相关岗位	7.2	7.7	7.8
计算机与数据处理	32.2	34.4	32.3
其中：计算机程序员	12.3	13.9	15.1
大数据、云计算、人工智能相关岗位	2.0	1.7	1.6

资料来源：麦可思－中国 2019~2021 届大学毕业生培养质量跟踪评价。

计算机类专业的培养过程需要持续关注。在互联网行业就业的本科毕业生主要来自计算机类专业，这类专业 2021 届毕业生的毕业落实率相比 2019 届下降了 3.9 个百分点。计算机类专业毕业生规模较大（如计算机科学与技术专业年均毕业生人数在 10 万人以上 [①]），在招聘人数趋于饱和的情况下，毕业生面临着较为激烈的求职竞争，这也较大程度上影响了其毕业落实。另外值

① 资料来源于教育部"阳光高考"平台。

得注意的是，由于互联网相关领域知识、技术等更新换代较为频繁，人工智能、设计／开发、信息安全等新兴岗位的占比不断上升，对从业者提出了更高要求，相关专业的教学内容也需要特别注重调整与更新；当前计算机类专业毕业生认为课程内容不实用或陈旧的比例（2021届为46%）明显高于工科专业平均水平，其课程教学内容的调整与更新仍需强化（见表11-8）。对此，相关院校需要合理调控计算机类专业的规模，并不断完善培养过程，提升人才培养质量，以此更好地适应互联网相关领域业务发展的需要。

表11-8　2021届本科计算机类专业毕业生认为教学需要改进的地方（多选）

单位：%

教学改进需求	计算机类专业	工学平均	本科平均
实习和实践环节不够	59	61	62
课程内容不实用或陈旧	46	36	33
无法调动学生学习兴趣	41	43	40
课堂上让学生参与不够	31	33	31
课程考核方式不合理	21	21	20
多媒体、网络教学效果不好	19	20	21

资料来源：麦可思－中国2021届大学毕业生培养质量跟踪评价。

（三）服务行业需关注疫情反弹带来的阶段性影响

服务行业在疫情中受到冲击，疫情防控常态化背景下需关注阶段性影响。2020年的疫情对设计／咨询、文体娱乐、居民服务、住宿／餐饮等服务行业造成了不同程度影响，本科毕业生在上述领域的就业比例出现波动，2020届就业比例（合计23.0%）相比2019届（合计25.2%）下降幅度近10%。疫情防控常态化背景下，毕业生在文化、体育和娱乐业就业的比例（2021届为4.6%）已有所回稳（见表11-9）。当然需要注意的是，局部地区的疫情反弹依然会对上述行业造成阶段性影响，国家统计局公布的数据显示，2020年第一季度第三产业（服务业）增加值在疫情冲击下相比上一年同期下降5.2%，自第二季度起增长率由负转正；2021年第四季度国家部分地区疫情反弹，对第三产业的影响不容忽略，其增加值同比增长 4.6%，低于当年前三个季度的水平，同时也低于 2020 年第四季度的水平（6.7%）（见表 11-10）。对此，相关院校和专业对毕业生就业工作需要持续关注。

表 11-9　2018~2021 届本科毕业生在主要服务行业就业的比例变化趋势

行业类名称	就业比例（%）				四年变化百分点（个）
	2021 届	2020 届	2019 届	2018 届	
金融业	7.2	7.5	7.8	8.1	-0.9
各类专业设计与咨询服务业	5.3	5.1	5.8	5.5	-0.2
文化、体育和娱乐业	4.6	4.2	4.6	4.2	0.4
房地产开发及租赁业	1.9	2.1	2.3	2.4	-0.5
行政、商业和环境保护辅助业	1.7	1.7	1.9	2.1	-0.4
居民服务业	1.4	1.3	1.5	1.8	-0.4
住宿和餐饮业	1.2	1.1	1.3	1.5	-0.3

资料来源：麦可思－中国 2018~2021 届大学毕业生培养质量跟踪评价。

表 11-10　2020、2021 年各季度第三产业增加值增长率（与上年同期相比）

单位：%

年份	第一季度	第二季度	第三季度	第四季度
2020	-5.2	1.9	4.3	6.7
2021	15.6	8.3	5.4	4.6

资料来源：中华人民共和国国家统计局网站。

经管类专业毕业生的就业情况需要持续关注。在上述服务行业就业的本科毕业生主要来自金融学类、工商管理类等经管类专业以及设计学类、音乐与舞蹈学类等艺术类专业。如前文所述，疫情以来经管类专业毕业生就业压力增大，读研意愿增强，首次考研失利的情况较为突出，疫情防控常态化下这类专业毕业生的去向落实受到较大影响。数据显示，金融学类、工商管理类专业毕业生的毕业去向落实率下降较为明显，四年内分别下降了 5.1 个、4.7 个百分点（见表 11-11）。相关院校和专业可持续关注毕业生的去向落实情况并给予相关帮扶。

表11-11 2018~2021届本科在服务行业就业的主要专业类毕业生毕业去向落实率变化趋势

专业类名称	四年变化百分点（个）	毕业去向落实率（%）			
		2021届	2020届	2019届	2018届
金融学类	-5.1	86.2	88.0	90.5	91.3
工商管理类	-4.7	87.9	89.0	91.2	92.6
设计学类	-4.3	87.3	88.1	90.6	91.6
音乐与舞蹈学类	-3.8	84.6	85.5	86.9	88.4
旅游管理类	-3.5	89.3	89.9	92.7	92.8
戏剧与影视学类	-2.8	86.6	86.1	87.5	89.4

资料来源：麦可思－中国2018~2021届大学毕业生培养质量跟踪评价。

　　毕业生在金融业就业的比例呈下降趋势，金融学类专业需要调整培养规模。除了疫情影响外，近年来金融业的业务不断调整优化，其中的初级岗位（如银行柜员）逐渐趋于饱和，本科毕业生在金融业就业的比例呈现逐年下降的趋势，这也对相关专业（以金融学类为主）毕业生去向落实带来了一定挑战。与此同时，伴随着金融业对求职者学历方面的门槛逐渐提高，金融学类专业毕业生读研比例逐年提升，且准备考研的比例也持续上升，四年内分别上升了2.3个、2.9个百分点，可见这类专业考研竞争越来越激烈（见表11-12）。另外值得注意的是，金融学类专业毕业生规模较大（如金融学专业年均毕业生人数在7万人以上[①]），不同院校间培养质量差异较大。对此，相关院校（特别是以往扩招较快的地方院校）需合理调控金融学类专业的规模，并持续改进人才培养环节，不断增强毕业生的就业竞争力。

表11-12 2018~2021届本科金融学类专业毕业生读研与准备考研的比例变化趋势
单位：%

去向类型	2021届	2020届	2019届	2018届
国内外读研	20.2	18.6	18.4	17.9
准备考研	8.3	6.4	5.8	5.4

资料来源：麦可思－中国2018~2021届大学毕业生培养质量跟踪评价。

---

① 资料来源于教育部"阳光高考"平台。

（四）制造业转型升级稳步推进，相关专业人才培养环节需持续改进

民营制造企业稳步发展，是保障毕业生就业的"稳定器"。数据显示，2019~2021届本科毕业生在制造业就业的比例分别为17.8%、17.9%、19.8%，其中民营制造企业是其就业的主体，2021届就业比例达到13.6%（见表11-13）。毕业生就业所在的民营制造企业主要集中于电子电气设备制造、机械设备制造、医药及设备制造领域（2021届分别为4.0%、1.8%、1.5%）。"十四五"时期制造业的优化升级将进一步深入推进，集成电路、高端装备、医药及医疗设备等领域将得到重点培育和发展，从而为毕业生创造相应的就业机会。

表11-13　2019~2021届本科毕业生在制造业就业的比例变化趋势

单位：%

主要行业类	2021届	2020届	2019届
制造业合计	19.8	17.9	17.8
其中：民营制造企业	13.6	11.7	10.9

资料来源：麦可思－中国2019~2021届大学毕业生培养质量跟踪评价。

东部地区民营制造企业为毕业生提供的就业机会更多。东部地区民营经济较为发达，制造企业较多，对毕业生的吸纳程度高于非东部地区。2021届在东部地区就业的本科毕业生中，服务于民营制造企业的比例接近20%，是在非东部地区就业毕业生的2.3倍（见表11-14）。当然伴随着区域产业链布局的不断优化以及中西部和东北地区承接产业转移能力的不断增强，非东部地区制造企业也将得到进一步发展，从而为毕业生就业提供更多选择。

表11-14　2021届在东部、非东部地区就业的本科毕业生服务于民营制造企业的比例

单位：%

就业领域	东部地区	非东部地区
民营制造企业合计	19.8	8.6
其中：电子电气设备制造业	6.2	2.7
机械设备制造业	2.7	1.2
医药及设备制造业	2.1	1.2

资料来源：麦可思－中国2021届大学毕业生培养质量跟踪评价。

工科专业核心课程设置与培养均需要进一步完善。在上述制造领域就业的本科毕业生主要来自电子信息类、机械类、计算机类等工科专业。如何促进人才培养质量的提升，是相关院校和专业需要持续关注的问题。课程是人才培养的重要载体，对毕业要求达成起到根本的支撑作用。当前工科专业核心课程的设置与产业发展趋势之间依然存在不相匹配的地方，课程教学效果也有待增强。数据显示，2021届工科专业毕业生对核心课程的重要度、满足度评价分别为81%、80%，均低于本科平均水平（重要度为86%，满足度为84%）（见表11-15）；其中电子信息类、机械类、计算机类专业课程教学效果均不显著，另外电子信息类、机械类专业课程设置也需进一步完善。

表 11-15　2021 届本科工科专业毕业生对核心课程的重要度和满足度评价

单位：%

专业类名称	课程重要度	课程满足度
计算机类	82	78
机械类	78	77
电子信息类	73	77
工学平均	81	80
本科平均	86	84

资料来源：麦可思－中国 2021 届大学毕业生培养质量跟踪评价。

工科专业课程教学需注重前沿理念的融入以及学生跨学科学习经历的增加。近年来伴随着制造业优化升级的持续深入以及数字、智能技术在制造业中的广泛运用，传统的行业边界逐渐模糊，不同行业领域间的交叉融合越来越普遍，然而当前工科专业的培养环节尚未充分适应这种变化。从毕业五年（2016届）的工科专业毕业生对教学各方面的评价来看，前沿理念的融入以及跨学科学习经历是其满意度（分别为73%、75%）较低的方面，且相比本科平均水平也存在一定差距（见表11-16）。在主要工科专业类中，计算机类、机械类、电子信息类专业均需要注重课程教学内容的更新（毕业五年对教学中前沿理念融入方面的满意度分别为68%、69%、71%），以及时融入本学科专业及相关产业发展的前沿理念；另外机械类专业也需进一步强化与其他学科专业的交叉融合（毕业五年对教学中跨学科学习经历的满意度为72%），以增加学生跨学科学习、交流与合作的经历。

表 11-16 2016 届本科工科专业毕业生对教学各方面的满意度

单位：%

教学各方面	工学平均	本科平均
教师指导效果	88	89
理论与实际相结合的教学模式	84	83
与同学互动学习的经历	81	83
教学资源满足工作 / 学习所需	81	81
跨学科学习经历	75	78
知识传授中融入前沿理念	73	77

资料来源：麦可思－中国 2016 届大学毕业生五年后职业发展跟踪评价。

参考文献

《2021 年全国研究生招生调查报告》，中国教育在线，2021。

中共中央办公厅、国务院办公厅：《关于进一步减轻义务教育阶段学生作业负担和校外培训负担的意见》，2021 年 7 月。

国家统计局：《中华人民共和国 2021 年国民经济和社会发展统计公报》，2022 年 2 月 28 日。

B.12
新冠肺炎疫情对本科教育教学的影响

摘　要： 高校教学开展在疫情中受到了较大影响，疫情防控常态化阶段教学效果尚未恢复到疫情前水平。其中，实践类课程在线授课效果难保证，线上、线下教学的衔接不够，学生学习收获不足；理论课内容对学科专业前沿涉及较少，且教师教学过程中互动性不够，学生自主学习动力不足，学习兴趣与收获较少；通识课教学也需进一步强化学生兴趣与投入。后续教学中需进一步完善过程性评价机制，并注重教师信息化教学能力与校园信息化水平的提升。

关键词： 教学评价　混合式教学　本科教育

　　2020年全球突发的新冠肺炎疫情对高校教学工作造成了极大影响，且疫情期间采用的线上教学方式在疫情防控常态化阶段得到延续，线上、线下混合式教学普及，这给高校日常教学工作的开展带来了挑战。

　　本专题将基于在校学生、教学督导两类评价主体在学期末对课程内容、教学过程与方法、教学效果等维度的评价结果，分析疫情前后共计五个学期内①教学工作开展的效果，了解疫情对不同类型课程教学的影响，疫情以来学生学习投入与收获方面存在的问题，分析教师教学过程和课程内容设置等方面可能存在的不足，为后续高校教学工作的改进提供参考方向。

---

① 即疫情前的2019~2020学年第1学期，突发疫情的2019~2020学年第2学期，疫情防控常态化阶段的2020~2021学年（第1学期、第2学期）、2021~2022学年第1学期。

一 疫情以来教学工作整体开展效果

（一）教学整体满意度受疫情影响下滑，疫情防控常态化阶段逐渐恢复

疫情发生的春季学期对高校教学开展造成较大影响。从学生和教学督导两类评价主体来看，疫情期间（2019~2020 学年第 2 学期）本科院校学生对课程教学[①] 的总体评分为 87.78 分（满分 100 分，下同），教学督导对课程教学的总体评分为 88.18 分，相比上学期（分别为 89.95 分、90.11 分）均明显下降（见图 12-1、图 12-2）。

疫情防控常态化阶段总体评分仍在逐步恢复，尚未超过疫情前水平。数据显示，自 2020~2021 学年第 1 学期起至 2021~2022 学年第 1 学期，本科院校学生和教学督导对课程教学的总体评分高于 2019~2020 学年第 2 学期，但尚未超过疫情前水平。

图 12-1　本科生对课程教学的总体评价

资料来源：麦可思 2019~2020、2020~2021、2021~2022 学年教学质量跟踪评价。

---

① 　学生对课程教学评价综合了课程内容、教师教学过程与方法、自身学习收获等维度；教学督导对课程教学评价综合了教师教学态度、教学内容、教学效果等维度。

图 12-2　教学督导对课程教学的总体评价

资料来源：麦可思 2019~2020、2020~2021、2021~2022 学年教学质量跟踪评价。

　　疫情以来教学督导评价开展明显加强。自疫情以来，本科院校开展的教学评价中，包含教学督导评价的比例持续上升，从疫情前的 28% 上升到 2021~2022 学年第 1 学期的 62%（见图 12-3）。相比期末的结果性评价，过程性评价时效性更强，可以更加及时地发现、反馈教学过程中存在的不足并改进。教学督导评价的开展，也可能是疫情以来课程教学效果逐步恢复的原因之一。

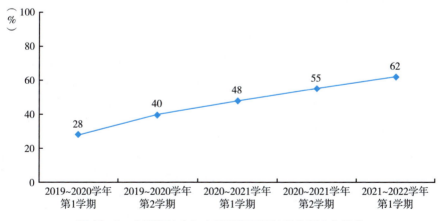

图 12-3　本科院校中包含教学督导评价的比例变化趋势

资料来源：麦可思 2019~2020、2020~2021、2021~2022 学年教学质量跟踪评价。

相关院校可进一步完善包括教学督导评价在内的过程性评价机制，力求及时发现教学过程中存在的问题，持续提升课程教学质量。

（二）不同类型课程受疫情影响的程度有所差异

体育课受疫情影响大但恢复快。体育课对教学场地、设施依赖程度较高，疫情期间受到的影响最大，学生对其总体评分（86.29分）下降较多，且低于其他类型课程；其他阶段体育课授课质量保持稳定且较高（总体评分均超过92分）（见表12-1）。

实践/实验课、理论课仍需完善。实践/实验课和理论课教学受疫情的影响仅次于体育课，疫情期间学生对这两类课程的总体评分（分别为87.28分、88.46分）有所下降，另外在疫情防控常态化阶段，学生对理论课的总体评价（90.03~90.09分）与疫情前相比偏低，对实践/实验课的评价虽恢复到疫情前，但评分仍低于理论课，还有改进空间（见表12-1）。

通识课受疫情影响较小。学生对其总体评分（88.14~89.93分）保持稳中有升的趋势（见表12-1）。

表 12-1　本科生对不同类型课程教学的总体评价

单位：分

课程类型	疫情前	疫情中	疫情防控常态化阶段		
	2019~2020 学年第1学期	2019~2020 学年第2学期	2020~2021 学年第1学期	2020~2021 学年第2学期	2021~2022 学年第1学期
本科平均	89.95	87.78	89.78	89.48	89.95
体育课	92.62	86.29	92.98	92.93	92.58
理论课	90.74	88.46	90.06	90.03	90.09
实践/实验课	89.32	87.28	89.67	89.21	89.94
通识课	88.45	88.14	88.98	89.42	89.93

注：思政课因覆盖面较小而没有包括在内。

资料来源：麦可思2019~2020、2020~2021、2021~2022学年教学质量跟踪评价。

二 不同类型课程面临的主要问题

（一）实践类课程学习收获不足，线上、线下教学的衔接需进一步强化

对实践类课程的学习收获较低。疫情期间本科生对实践 / 实验课的学习投入与收获均下降较多；在疫情防控常态化阶段，本科生对实践 / 实验课的学习收获（包括专业知识的掌握与实践技能的提升）（91.01%~90.49%[①]）仍低于疫情前的水平（91.73%），对其学习效果达成需加以关注（见图12-4）。

图 12-4　本科生对实践 / 实验课学习情况的评价

资料来源：麦可思 2019~2020、2020~2021、2021~2022 学年教学质量跟踪评价。

实践教学在线授课效果难保证。从本科生对实践 / 实验课的课程内容评价来看，课程内容理论联系实际在疫情期间评价（88.3%）下降较多，且2021~2022 学年第 1 学期（91.22%）尚未明显改善，仍低于疫情前（92.04%）（见图 12-5）。实践 / 实验课对教学场地与设施依赖程度相对较高，疫情期间

---

①　由于不同学校对各评价维度的赋分存在差异，本文统一将各评价维度的分值进行百分化处理和呈现，特此说明。

受技术条件限制，很多操作在线上教学中无法有效实施，学生普遍希望在线下教学中能够补充相应的操作环节（见图 12-6）。

在疫情防控常态化阶段，高校需要更加注重实践类课程线上、线下教学的有效衔接，避免因衔接不畅而造成教学内容缺漏的情况。

图 12-5　本科生对实践 / 实验课课程内容方面的评价

资料来源：麦可思 2019~2020、2020~2021、2021~2022 学年教学质量跟踪评价。

图 12-6　本科生对疫情期间实践 / 实验课改进需求的词频分析

资料来源：麦可思 2019~2020 学年教学质量跟踪评价。

（二）理论课教学需关注学生自主学习和课程内容更新

对理论课自主学习动力不足，学习兴趣与收获较低。疫情期间本科生对自身理论课学习兴趣与投入的评价为84.18%，相比疫情前（89.64%）下降明显；且在疫情防控常态化阶段，学生对理论课的学习兴趣与投入（近3个学期分别为88.35%、87.10%、86.73%）略呈下降趋势；另外，学生在疫情防控常态化阶段对理论课的学习收获（89.74%~90.19%）也低于疫情前的水平（90.34%）（见图12-7）。

理论课学习内容相对抽象，学习过程较为枯燥，疫情以来快速普及的线上教学很大程度上依赖于学生的自觉性，对于学习能力、自觉性或自制力不足的学生而言，在缺乏有效监督、指导的情况下，其理论课学习效果更容易受到影响，这一现象在地方本科院更为凸显，需要给予重点关注。

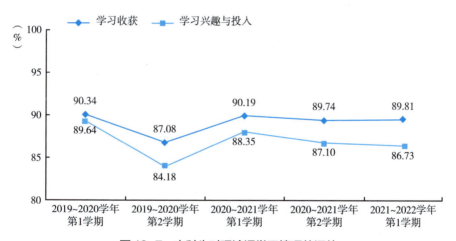

图 12-7　本科生对理论课学习情况的评价

资料来源：麦可思 2019~2020、2020~2021、2021~2022 学年教学质量跟踪评价。

任课教师教学过程中互动性不够。学生学习效果的增强离不开教师授课环节的有效组织与开展，通过对比本科生对理论课教师教学各个方面的评价可以发现，疫情期间学生对教学互动方面的评价（88.53%）下降较多，且2021~2022 学年第1学期（89.06%）并没有改善，明显低于疫情前（91.97%）

（见表 12-2）。教师在课程设计上需增强教学互动，课堂中引导和鼓励学生参与，培养其独立思考的能力，促使学生逐步从被动学习转向主动学习。

表 12-2　本科生对教师理论课教学各方面的评价

单位：%

评价维度	疫情前	疫情中	疫情防控常态化阶段		
	2019~2020 学年第 1 学期	2019~2020 学年第 2 学期	2020~2021 学年第 1 学期	2020~2021 学年第 2 学期	2021~2022 学年第 1 学期
教学态度	92.71	92.65	93.36	92.43	92.44
课程内容讲解	92.61	89.61	92.72	92.34	92.29
信息化教学	93.12	89.60	92.02	92.00	91.68
学习热情激发	89.96	88.52	89.80	90.55	90.34
教学互动	91.97	88.53	88.88	88.62	89.06
作业 / 考核与反馈	86.94	83.75	86.88	86.99	87.71
指导答疑	84.15	82.15	84.32	85.46	86.21

资料来源：麦可思 2019~2020、2020~2021、2021~2022 学年教学质量跟踪评价。

课程内容对学科专业前沿涉及较少。从本科生对理论课的课程内容评价来看，在疫情防控常态化阶段，本科生对课程内容前沿性的评价（88.67%~89.27%）整体低于其他方面，同时也低于疫情前水平（91.09%）（见表 12-3）。疫情进一步加速了产业的转型升级与发展，课程内容也需及时优化调整以适应产业发展的要求。是不是在疫情的冲击下，高校教师对课程前沿性关注不够？原因仍有待进一步探索。

工科专业课程内容前沿性亟待提升。进一步从各学科门类本科生对课程内容前沿性方面的评价来看，工科专业学生对该方面的评价（87.56%）最低。毕业生跟踪评价数据也反映出工科专业课程内容的调整与更新效果仍不足，2021届工科专业毕业生对核心课程的重要度、满足度评价（分别为81%、80%）相比其他学科门类整体偏低，同时表示课程内容不实用或陈旧的比例（36%）较高。对此，相关院校和专业需重点关注课程内容的调整与更新，进一步突出产业发展的前沿领域，从而更好地适应产业转型升级与发展的新要求。

表 12-3　本科生对理论课课程内容各方面的评价

单位：%

评价维度	疫情前	疫情中	疫情防控常态化阶段		
	2019~2020学年第1学期	2019~2020学年第2学期	2020~2021学年第1学期	2020~2021学年第2学期	2021~2022学年第1学期
课程内容理论联系实际	91.28	89.48	91.00	91.20	91.63
学习资源有效性	90.65	88.68	90.74	90.34	90.27
课程目标清晰度	88.39	86.88	88.70	88.72	89.49
课程内容前沿性	91.09	87.86	89.27	88.67	88.76

资料来源：麦可思 2019~2020、2020~2021、2021~2022 学年教学质量跟踪评价。

（三）通识课需注重强化学生的学习兴趣与投入

教学过程对学生学习兴趣和热情激发不够。通识课教学虽然在疫情期间无明显影响，但仍有较大的改进空间，本科生对通识课的教学评价（近五个学期合计评分为 88.98 分）相比其他类型课程偏低，其中在学习兴趣与投入方面明显不足（近五个学期合计评价为 86.77%）。与此同时，教师对学生学习热情激发的效果也相对较弱（近五个学期合计评价为 87.67%），后续教学过程中可有针对性地完善，为塑造学生通用能力和素养的提升奠定更加坚实的基础。

三　后续教学工作的改进方向

教师信息化教学能力需强化。教学督导对教师教学互动、信息化教学方面的评价（2021-2022 学年第 1 学期分别为 86.32%、87.48%）相对较低（见表 12-4）。线上、线下混合式教学手段的普及对任课教师应用信息技术设计课程教学环节提出了更高的要求，教师的信息化教学能力需要相应提升，以更好地胜任疫情防控常态化背景下的教学工作。

表 12-4 教学督导对教师教学各方面的评价

单位：%

评价维度	疫情前	疫情中	疫情防控常态化阶段		
	2019~2020学年第1学期	2019~2020学年第2学期	2020~2021学年第1学期	2020~2021学年第2学期	2021~2022学年第1学期
教学态度	95.01	95.00	95.08	95.38	95.37
课程内容讲解	91.61	90.50	91.37	90.99	91.06
作业/考核与反馈	90.14	86.32	90.11	90.47	90.12
指导答疑	90.38	88.16	90.08	89.65	89.93
课堂秩序	91.13	89.74	90.15	90.18	89.25
信息化教学	87.02	85.91	86.71	87.73	87.48
教学互动	85.73	84.63	87.62	86.83	86.32

资料来源：麦可思 2019~2020、2020~2021、2021~2022 学年教学质量跟踪评价。

校园信息化水平也需逐步提升。线上、线下混合式教学离不开校园网络环境、网络教学设备等硬件的支撑，而当前校园信息化硬件水平对教学的支撑仍有进一步提升的空间。2021 届毕业生评价数据显示，本科毕业生认为计算机、校园网等信息化设备满足自身学习需求的比例为 83%，相比其他教学设施（教室、图书馆、实验室）仍偏低（见图 12-8）。相关院校可有针对性地改善校园信息化条件，从而更好地满足混合式教学的需要。

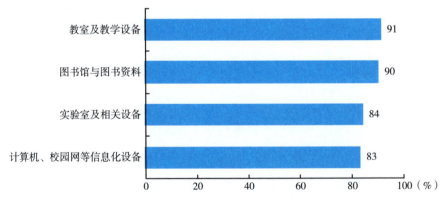

图 12-8 2021 届本科毕业生认为各项教学设施对自身学习需求的满足度

资料来源：麦可思－中国 2021 届大学毕业生培养质量跟踪评价。

参考文献

鲍威、陈得春、王婧:《后疫情时代线上线下学习范式和教学成效的研究——基于线上线下高校学生调查数据的对比分析》,《中国电化教育》2021 年第 6 期。

董绍进、李航、梁璟:《高校混合式教学背景下的教学管理问题及策略研究》,2020。

李宝礼、郝世绵:《地方应用型本科高校线上线下混合教学模式的构建研究》,《黑龙江工业学院学报（综合版）》2021 年第 5 期。

附　　录

Appendix

B.13
技术报告

一　数据介绍

（一）评价覆盖面

2022 年度麦可思 - 全国大学毕业生跟踪评价分为以下三类。

1. 2021 届本科生毕业半年后培养质量的跟踪评价，于 2022 年 3 月初完成，全国本科生样本为 12.5 万人。覆盖了 407 个本科专业，覆盖了全国 30 个省、自治区和直辖市，覆盖了本科毕业生从事的 584 个职业、324 个行业。

2. 麦可思曾对 2018 届大学毕业生进行过毕业半年后培养质量的跟踪评价（2019 年初完成，全国本科生样本约 15.2 万人）[1]，2021 年底对此全国样本进

---

① 王伯庆等主编《2019 年中国本科生就业报告》，社会科学文献出版社，2019。

行了三年后的再次跟踪评价，全国本科生样本约 2.5 万人。覆盖了 354 个本科专业，覆盖了全国 30 个省、自治区和直辖市，覆盖了本科毕业生从事的 563 个职业，309 个行业。

3. 麦可思曾对 2016 届大学毕业生进行过毕业半年后、三年后的跟踪评价，2021 年底对此全国样本进行了五年后的第三次跟踪评价，旨在通过更长的时间跨度观察毕业生的发展变化，全国本科生样本约 2.9 万人。覆盖了 374 个本科专业；覆盖了全国 30 个省、自治区和直辖市；覆盖了本科毕业生从事的 579 个职业，317 个行业。

（二）评价对象

毕业半年后（2021 届）、三年后（2018 届）和五年后（2016 届）的本科毕业生：包括"双一流"院校、地方本科院校的毕业生，不包括成人高等教育、军事院校和港澳台院校的毕业生。

（三）评价方式

分别向毕业半年后的 2021 届大学毕业生、毕业三年后的 2018 届大学毕业生和毕业五年后的 2016 届大学毕业生以电子邮件方式发放答题邀请函、问卷客户端链接，三类调查的问卷不同。答卷人回答问卷，答题时间为 10 ~ 30 分钟。

二　研究概况

（一）研究目的

1. 了解本科毕业生的就业状态及就业质量，发现满足社会需求方面存在的问题；

2. 了解本科毕业生的升学、灵活就业以及未就业的状况；

3. 了解本科毕业生的行业职业变迁、晋升、薪资增长情况；

4. 了解本科毕业生对母校的满意程度以及反馈。

（二）研究样本

本研究需提醒读者注意以下几点：

1. 答题通过电子问卷客户端实现，未被邀请的答题被视为无效。

2. 本研究对答题和未答题的样本进行了检验，没有发现存在自我选择性样本偏差问题（Self-selection Bias）[①]。

3. 对于样本中与实际比例的明显差异可能带来的统计误差，本研究采用权数加以修正（即对回收的全国总样本，基于学历、地区、院校类型、专业的实际分布比例进行再抽样）。再抽样后的样本分布与实际分布见表1至表8，本科毕业生的实际分布比例来自中华人民共和国国家统计局网站。

表1 2021届各经济区域本科毕业生样本人数分布与实际人数分布对比

单位：%

各经济区域	2021届本科毕业生样本人数比例	2021届本科毕业生实际人数比例
泛渤海湾区域	20.5	20.5
泛长江三角洲区域	19.6	19.6
中部区域	16.3	16.3
泛珠江三角洲区域	13.3	13.3
西南区域	13.0	13.0
东北区域	9.7	9.7
陕甘宁青区域	6.4	6.4
西部生态区域	1.2	1.2

资料来源：麦可思－中国2021届大学毕业生培养质量跟踪评价，中华人民共和国国家统计局网站。

[①] **自我选择性样本偏差问题**：是指调查中存在某类群体选择答题的概率和其他群体有明显不同。例如，可能存在就业的毕业生更容易选择参与答题，而没有就业的学生可能不愿意参加答题等。

表 2　2021 届各省份本科毕业生样本人数分布与实际人数分布对比

单位：%

省份	2021 届本科毕业生样本人数比例	2021 届本科毕业生实际人数比例
安徽	3.8	3.9
北京	2.0	2.9
福建	3.1	3.0
甘肃	1.8	1.7
广东	6.9	6.7
广西	3.2	3.1
贵州	2.1	2.1
海南	<1.0	0.7
河北	5.4	4.6
河南	7.0	7.0
黑龙江	3.0	3.0
湖北	5.1	5.1
湖南	4.2	4.2
吉林	2.8	2.8
江苏	6.2	6.6
江西	3.4	3.1
辽宁	3.9	3.9
内蒙古	1.8	1.5
宁夏	<1.0	0.5
青海	<1.0	0.2
山东	5.3	6.4
山西	3.6	3.0
陕西	4.3	4.0
上海	3.0	2.3
四川	5.4	5.4
天津	2.4	2.0
西藏	<1.0	0.1
新疆	1.0	1.0
云南	2.9	2.9
浙江	3.2	3.7
重庆	2.6	2.6

注：表中样本人数比例小于 1.0% 的数值均用"<1.0"表示，涵盖 0，下同。

资料来源：麦可思－中国 2021 届大学毕业生培养质量跟踪评价，中华人民共和国国家统计局网站。

表3 2021届各学科门类本科毕业生样本人数分布与实际人数分布对比

单位：%

本科学科门类	2021届本科毕业生样本人数比例	2021届本科毕业生实际人数比例
工学	33.8	33.3
管理学	17.2	18.1
文学	9.9	9.7
艺术学	9.6	9.6
医学	7.0	6.9
理学	6.7	6.6
经济学	5.6	5.8
教育学	4.1	4.3
法学	3.6	3.5
农学	1.8	1.7
历史学	<1.0	0.4
哲学	<1.0	0.1

资料来源：麦可思－中国2021届大学毕业生培养质量跟踪评价，中华人民共和国国家统计局网站。

表4 2018届各经济区域本科生毕业三年后样本人数分布与实际人数分布对比

单位：%

各经济区域	2018届本科生毕业三年后样本人数比例	2018届本科毕业生实际人数比例
泛渤海湾区域	20.3	20.2
泛长江三角洲区域	20.1	20.1
中部区域	15.8	15.8
泛珠江三角洲区域	13.1	13.1
西南区域	11.9	11.8
东北区域	11.0	10.9
陕甘宁青区域	7.0	7.0
西部生态区域	<1.0	1.1

资料来源：麦可思－中国2018届大学毕业生三年后职业发展跟踪评价，中华人民共和国国家统计局网站。

表5　2018届各省份本科生毕业三年后样本人数分布与实际人数分布对比

单位：%

省份	2018届本科生毕业三年后样本人数比例	2018届本科毕业生实际人数比例
安徽	4.0	4.0
北京	3.3	3.3
福建	1.9	3.1
甘肃	1.9	1.9
广东	7.7	6.8
广西	2.8	2.5
贵州	1.2	1.7
海南	<1.0	0.7
河北	4.3	4.3
河南	6.2	6.2
黑龙江	3.3	3.3
湖北	5.3	5.3
湖南	4.3	4.3
吉林	3.0	3.0
江苏	6.7	6.5
江西	3.3	3.3
辽宁	4.7	4.7
内蒙古	1.5	1.5
宁夏	<1.0	0.5
青海	<1.0	0.2
山东	6.1	6.1
山西	3.0	2.9
陕西	4.4	4.4
上海	2.3	2.3
四川	5.2	4.8
天津	2.1	2.1
西藏	<1.0	0.1
新疆	<1.0	1.0
云南	2.5	2.5
浙江	3.8	3.9
重庆	3.0	2.8

资料来源：麦可思－中国2018届大学毕业生三年后职业发展跟踪评价，中华人民共和国国家统计局网站。

表6 2018届各学科门类本科生毕业三年后样本人数分布与实际人数分布对比

单位：%

本科学科门类	2018届本科生毕业三年后样本人数比例	2018届本科毕业生实际人数比例
工学	35.0	33.9
管理学	18.8	18.2
艺术学	9.2	9.7
文学	9.0	9.3
理学	7.8	7.1
医学	6.9	6.3
经济学	4.6	5.8
教育学	3.8	3.7
法学	2.8	3.6
农学	1.3	1.8
历史学	<1.0	0.5
哲学	<1.0	0.1

资料来源：麦可思－中国2018届大学毕业生三年后职业发展跟踪评价，中华人民共和国国家统计局网站。

表7 2016届各经济区域本科生毕业五年后样本人数分布与实际人数分布对比

单位：%

各经济区域	2016届本科生毕业五年后样本人数比例	2016届本科毕业生实际人数比例
泛渤海湾区域	20.0	20.0
泛长江三角洲区域	20.0	19.9
中部区域	16.3	16.2
泛珠江三角洲区域	12.4	12.3
西南区域	11.9	11.9
东北区域	11.1	11.0
陕甘宁青区域	7.7	7.6
西部生态区域	<1.0	1.1

资料来源：麦可思－中国2016届大学毕业生五年后职业发展跟踪评价，中华人民共和国国家统计局网站。

表8 2016届各学科门类本科生毕业五年后样本人数分布与实际人数分布对比 单位：%		
本科学科门类	2016届本科生毕业五年后样本人数比例	2016届本科毕业生实际人数比例
工学	34.5	32.7
管理学	18.0	19.5
文学	10.6	10.0
艺术学	8.3	9.1
理学	7.3	6.9
医学	6.3	6.3
教育学	4.4	3.6
经济学	4.1	6.0
法学	3.6	3.6
农学	2.0	1.7
历史学	<1.0	0.5
哲学	<1.0	0.1

资料来源：麦可思－中国2016届大学毕业生五年后职业发展跟踪评价，中华人民共和国国家统计局网站。

致　谢

《2022 年中国本科生就业报告》是麦可思第 14 年出版的"就业蓝皮书",报告进一步对内容、结构、体例做出完善。以数据和图表来呈现分析结果,读者可以从自己的专业角度对某一数据或图表背后的因果关系进行深度解读。

特别感谢帮助完善本年度报告的高等教育管理者和研究者,在此不一一具名。报告中所有的错误由作者唯一负责。感谢读者阅读本报告。限于篇幅,报告仅提供部分数据,如需了解更详细的内容,请联系作者(research@mycos.com)。

社会科学文献出版社

皮 书

智库成果出版与传播平台

❖ 皮书定义 ❖

皮书是对中国与世界发展状况和热点问题进行年度监测，以专业的角度、专家的视野和实证研究方法，针对某一领域或区域现状与发展态势展开分析和预测，具备前沿性、原创性、实证性、连续性、时效性等特点的公开出版物，由一系列权威研究报告组成。

❖ 皮书作者 ❖

皮书系列报告作者以国内外一流研究机构、知名高校等重点智库的研究人员为主，多为相关领域一流专家学者，他们的观点代表了当下学界对中国与世界的现实和未来最高水平的解读与分析。截至2021年底，皮书研创机构逾千家，报告作者累计超过10万人。

❖ 皮书荣誉 ❖

皮书作为中国社会科学院基础理论研究与应用对策研究融合发展的代表性成果，不仅是哲学社会科学工作者服务中国特色社会主义现代化建设的重要成果，更是助力中国特色新型智库建设、构建中国特色哲学社会科学"三大体系"的重要平台。皮书系列先后被列入"十二五""十三五""十四五"时期国家重点出版物出版专项规划项目；2013~2022年，重点皮书列入中国社会科学院国家哲学社会科学创新工程项目。

皮书网

（网址：www.pishu.cn）

发布皮书研创资讯，传播皮书精彩内容
引领皮书出版潮流，打造皮书服务平台

栏目设置

◆ 关于皮书

何谓皮书、皮书分类、皮书大事记、
皮书荣誉、皮书出版第一人、皮书编辑部

◆ 最新资讯

通知公告、新闻动态、媒体聚焦、
网站专题、视频直播、下载专区

◆ 皮书研创

皮书规范、皮书选题、皮书出版、
皮书研究、研创团队

◆ 皮书评奖评价

指标体系、皮书评价、皮书评奖

◆ 皮书研究院理事会

理事会章程、理事单位、个人理事、高级
研究员、理事会秘书处、入会指南

所获荣誉

◆ 2008 年、2011 年、2014 年，皮书网均
在全国新闻出版业网站荣誉评选中获得
"最具商业价值网站"称号；

◆ 2012 年，获得"出版业网站百强"称号。

网库合一

2014年，皮书网与皮书数据库端口合
一，实现资源共享，搭建智库成果融合创
新平台。

皮书网

"皮书说"
微信公众号

皮书微博

权威报告·连续出版·独家资源

皮书数据库
ANNUAL REPORT(YEARBOOK)
DATABASE

分析解读当下中国发展变迁的高端智库平台

所获荣誉

- 2020年，入选全国新闻出版深度融合发展创新案例
- 2019年，入选国家新闻出版署数字出版精品遴选推荐计划
- 2016年，入选"十三五"国家重点电子出版物出版规划骨干工程
- 2013年，荣获"中国出版政府奖·网络出版物奖"提名奖
- 连续多年荣获中国数字出版博览会"数字出版·优秀品牌"奖

皮书数据库

"社科数托邦"
微信公众号

成为会员

　　登录网址www.pishu.com.cn访问皮书数据库网站或下载皮书数据库APP，通过手机号码验证或邮箱验证即可成为皮书数据库会员。

会员福利

- 已注册用户购书后可免费获赠100元皮书数据库充值卡。刮开充值卡涂层获取充值密码，登录并进入"会员中心"—"在线充值"—"充值卡充值"，充值成功即可购买和查看数据库内容。
- 会员福利最终解释权归社会科学文献出版社所有。

　　数据库服务热线：400-008-6695
　　数据库服务QQ：2475522410
　　数据库服务邮箱：database@ssap.cn
　　图书销售热线：010-59367070/7028
　　图书服务QQ：1265056568
　　图书服务邮箱：duzhe@ssap.cn

社会科学文献出版社 皮书系列
SOCIAL SCIENCES ACADEMIC PRESS (CHINA)
卡号：286533533794
密码：

S 基本子库
SUB DATABASE

中国社会发展数据库（下设 12 个专题子库）

紧扣人口、政治、外交、法律、教育、医疗卫生、资源环境等 12 个社会发展领域的前沿和热点，全面整合专业著作、智库报告、学术资讯、调研数据等类型资源，帮助用户追踪中国社会发展动态、研究社会发展战略与政策、了解社会热点问题、分析社会发展趋势。

中国经济发展数据库（下设 12 专题子库）

内容涵盖宏观经济、产业经济、工业经济、农业经济、财政金融、房地产经济、城市经济、商业贸易等 12 个重点经济领域，为把握经济运行态势、洞察经济发展规律、研判经济发展趋势、进行经济调控决策提供参考和依据。

中国行业发展数据库（下设 17 个专题子库）

以中国国民经济行业分类为依据，覆盖金融业、旅游业、交通运输业、能源矿产业、制造业等 100 多个行业，跟踪分析国民经济相关行业市场运行状况和政策导向，汇集行业发展前沿资讯，为投资、从业及各种经济决策提供理论支撑和实践指导。

中国区域发展数据库（下设 4 个专题子库）

对中国特定区域内的经济、社会、文化等领域现状与发展情况进行深度分析和预测，涉及省级行政区、城市群、城市、农村等不同维度，研究层级至县及县以下行政区，为学者研究地方经济社会宏观态势、经验模式、发展案例提供支撑，为地方政府决策提供参考。

中国文化传媒数据库（下设 18 个专题子库）

内容覆盖文化产业、新闻传播、电影娱乐、文学艺术、群众文化、图书情报等 18 个重点研究领域，聚焦文化传媒领域发展前沿、热点话题、行业实践，服务用户的教学科研、文化投资、企业规划等需要。

世界经济与国际关系数据库（下设 6 个专题子库）

整合世界经济、国际政治、世界文化与科技、全球性问题、国际组织与国际法、区域研究 6 大领域研究成果，对世界经济形势、国际形势进行连续性深度分析，对年度热点问题进行专题解读，为研判全球发展趋势提供事实和数据支持。

法律声明